搬山寄

张二棍 著

长江文艺出版社

图书在版编目（CIP）数据

搬山寄 / 张二棍著. -- 武汉：长江文艺出版社，
2021.12（2022.2 重印）
　　ISBN 978-7-5702-2421-0

　　Ⅰ. ①搬⋯　Ⅱ. ①张⋯　Ⅲ. ①中国文学－当代文学－
作品综合集　Ⅳ. ①I217.2

中国版本图书馆 CIP 数据核字（2021）第 201648 号

搬山寄
BAN SHAN JI

策划编辑：谈　骁

责任编辑：胡　璇　　王成晨　　　　　责任校对：毛　娟

封面设计：天行健　　　　　　　　　　责任印制：邱　莉　　王光兴

出版：长江出版传媒　长江文艺出版社

地址：武汉市雄楚大街 268 号　　　　邮编：430070

发行：长江文艺出版社

http://www.cjlap.com

印刷：湖北新华印务有限公司

开本：880 毫米×1230 毫米　　1/32　　印张：6.75　　插页：4 页

版次：2021 年 12 月第 1 版　　　　2022 年 2 月第 2 次印刷

行数：4406 行

定价：52.00 元

目 录

卷 一

后 记

卷

一

六　言

因为拥有翅膀
鸟群高于大地
因为只有翅膀
白云高于群鸟
因为物我两忘
天空高于一切
因为苍天在上
我愿埋首人间

在乡下，神是朴素的

在我的乡下，神仙们坐在穷人的
堂屋里，接受了粗茶淡饭。有年冬天
他们围在清冷的香案上，分食着几瓣烤红薯
而我小脚的祖母，不管他们是否乐意
就端来一盆清水，擦洗每一张瓷质的脸
然后，又为我揩净乌黑的唇角
——呃，他们像是一群比我更小
更木讷的孩子，不懂得喊甜
也不懂喊冷。在乡下
神，如此朴素

欢喜心

我太喜欢那些孩子了
他们是如此擅长，用一个个
小游戏，制造出连绵不绝的惊喜
我太喜欢那些简单的游戏
赢了的快乐，输了的也快乐
我太喜欢他们的输赢了
——明明是占领一堆沙子，他们说拥有了城堡
——明明只赢了几枚绿叶，他们说获得了勋章

孪 生

和我同一刻出生的大黄，小黑
早已死去良久。和我同一刻
出生的，一头大象，一条蟒蛇，一尾鱼
一棵树，一株草，一种病毒，一只蜉蝣
它们去哪儿了？我出生的那一刻
一定还诞生了，一座岛屿，一条小路
一枚子弹，一朵云，一场台风，一把琴
……太多了。假如天地间
是一个巨大的子宫，与我同一刻
诞生的万物，就是我的孪生
我这些哑默的，暴烈的，神秘的，猥琐的
无名的……兄弟姐妹们啊，我们一出生
就各自散落在，洞穴里，沙漠中
黄土下，乃至墙角，下水道，垃圾桶
我们荒芜，生锈，见光死。我们
漂泊，断裂，被践踏，被吞噬……
而我此刻的讲述，如此平静，仿佛
我也早已历经这一切，并替
这诸多孪生，如一件遗物般
苟活下来，不悲不喜，不像是
曾在某一刻，一起降临过

穿墙术

你有没有见过一个孩子
摁着自己的头，往墙上磕
我见过。在县医院
咚，咚，咚
他母亲说，让他磕吧
似乎墙疼了
他就不疼了
似乎疼痛，可以穿墙而过
我不知道他脑袋里装着
什么病。也不知道一面墙
吸纳了多少苦痛
才变得如此苍白
就像那个背过身去的
母亲。后来，她把孩子搂住
仿佛一面颤抖的墙
伸出了手

穷　途

和邻居的老太太，隔着墙壁
一起生活。往往是她的电视机
响起，我正在翻看一本黑白
人像摄影。她炒菜的时候
我已醉醺醺躺下。今天又听见
这个独居的老人，断断续续哭着
诉说着。我听见了
一些不该听见的。那也许
是她一生的隐痛
现在，一个行将就木的人
在隔壁，一层层剥着自己的伤口
我为我的听见，而愧疚
她仿佛在说我，仿佛我就是
她口中，那个不肖而早逝的儿子
我隔着墙壁，与她相依为命
我一声声听见了，自己的
不堪，和活该
却无法冲过去
道一句歉，磕一个头

我的侏儒兄弟

这里，是你两倍高的人间
你有多于我们的
悬崖，就有了两倍的陡峭
你有更漫长的路
要赶。兄弟，你必须
比我们，提前出发
并准备好，比我们
咽下更多的苦，接纳
更多的羞辱，与呵斥
在路上，我的侏儒兄弟
你那么小，只能背负
少得可怜的干粮
你那么小，却要流下
两倍的汗，和血

石 匠

他祖传的手艺
无非是，把一尊佛
从石头中
救出来
给他磕头
也无非是，把一个人
囚进石头里
也给他磕头

旷　野

五月的旷野。草木绿到
无所顾忌。飞鸟们在虚无处
放纵着翅膀。而我
一个怀揣口琴的异乡人
背着身。立在野花迷乱的山坳
暗暗地捂住，那一排焦急的琴孔
哦，一群告密者的嘴巴
我害怕。一丝丝风
漏过环扣的指间
我害怕，风随意触动某个音符
都会惊起一只灰兔的耳朵
我甚至害怕，当它无助地回过头来
却发现，我也有一双
红红的，值得怜悯的眼睛
是啊。假如它脱口喊出我的小名
我愿意，是它在荒凉中出没的
相拥而泣的亲人

搬山寄

愚公怀着深仇般，移走的那座山
又在此时、此地
如一道紧箍，为难着我
没有谁，容许我
成为下一个，不知疲倦的愚公
没有谁愿，提供一处大地广袤
而人群稀少的原野，接纳一座
被羞辱过的，百无一用的荒山
愚公啊，荒山啊，这折磨着你们的无用
也正折磨着我。我无意做一个
疲惫的愚公，也不想成为一座
命运叵测的荒山。这些年
我不舍昼夜，研习着搬山法
只求摆脱这遗世又困厄的无用
这丧家犬般的无用。我不想
既是，笨拙而无用的愚公
也是，沉重而无用的荒山
我不愿目睹，我这苦命的一生
都在徒劳地，搬运着自己的艰辛

独行记

既不能尾随一只受惊的昏鸦，返回到
冷峻的树梢上。也不能随一头
迟缓的老牛，返回到四处漏风的栅栏中
天就快黑了，田野里只剩下我
踉跄独行。我是一团
跌跌撞撞的鬼火，来人间省亲
却一步也不敢，在灯火辉煌的地方
穿行。我怕亲人们，哭着辨认出我
更怕，他们说说笑笑，没有
一个人，认出我

太阳落山了

无山可落时
就落水，落地平线
落棚户区，落垃圾堆
我还见过。它静静落在
火葬场的烟囱后面
落日真谦逊啊
它从不对你我的人间
挑三拣四

我用一生，在梦里造船

这些年，我只做一个梦
在梦里，我只做一件事
造船，造船，造船

为了把这个梦，做得臻美
我一次次，大汗淋漓地
挥动着斧、锯、刨、錾
——这些尖锐之物

现在，我醒来。满面泪水
我的梦里，永远欠着
一片，苍茫而柔软的大海

入林记

轻轻走动，脚下
依然传来枯枝裂开的声音
北风迎面，心无旁骛地吹着
倾覆的鸟巢，倒扣在雪地上
我把它翻过来，细细的茅草交织着
依稀还是唐朝的布局，里面
有让人伤感的洁净

我折身返回的时候
那丛荆棘，拽了一下我的衣服
像是无助的挽留。我记得刚刚
入林时，也有一株荆棘，企图拦住我
它们都有一张相似的
谜一样的脸
它们都长在这里
过完渴望被认识的一生

有 尾

仍有尾巴，被踩在谁的脚下
不停颤抖。仍有鳞片，被谁的双手
翻来覆去，刮着。兽夹上那条断腿
是我的。粘网上带血的羽毛，也是我的
……你知道吗，我一次次避开自己
生而为人的真相，苟活在
这险象丛生的幻象之中
你知道吗？我每一天都沉溺在
一个食草动物的胆怯
与无中生有的疼痛之间
由此，来骗取
对自我，一闪即逝的同情

消　失

从前，我愿意推着一车柴
去烧一杯水，谁劝也不听
从前，我愿意捏着一根羽毛
去寻一只鸟。谁劝也不听
现在，我一副悔不当初的样子
下午的时候，我指着自己的鼻子
"从前，你总是把狗样当成人模"
到了黄昏，我又反思了一遍
是应该弹尽去死，还是粮绝去死
现在，我愿意推翻这一切
刚刚，某人问得真好
"在指鹿为马中，马和鹿，哪个消失了"
我还没有回答，他就消失了
或者，他还没等来回答，我就消失了
也或者，我说起从前，后来我就消失了

无　题

白云偶傥。山溪有一副花旦用旧的嗓子
雉鸡穿着官服，从古画中走下来
它步履稳健，踩踏着松针上的薄霜
当它开口，背后的山林
就升起了一种叫"……"的事物
这种事物，正在形成
这种事物，尚未命名

手可摘星辰

我这双，在梦中摘过星辰的手
也在黄昏的风中，剥过
一张血淋淋的羊皮。我这双手
抚摸过，野花单薄的小脸
也握起过愤怒的拳头，砸向
无辜的泥土。辛苦它们了
为了操持，这黑洞般的身体
忙了这么多年。它们被扎过
被夹过，被烫过，一次次
无力地伸开，又合起来
现在，我盯着它们，像盯着
两座沟壑纵横的荒原。那些
途经过它们的事物，已踪影全无
只有几枚，大大小小的伤疤
醒目而丑陋。仿佛自某一刻
凭空而来，我想了想
我还尚未摘下过一颗星星
而这累累伤疤，却像一个个
黯淡的陨石坑，无言地
寄居在一个人的手上，从不曾
照亮过什么……

蚁

一定是蚂蚁最早发现了春天
我的儿子，一定是最早发现蚂蚁的那个人
一岁的他，还不能喊出
一只行走在尘埃里的
卑微的名字
却敢于用单纯的惊喜
大声地命名
——咦

怅然书

世间辽阔。可你我再也
无法相遇了。除非你
千里迢迢来找我。除非
你还有，来看我的愿望
除非飞翔的时候，你记起我

可你那么小，就受伤了。我喂过你小米和水
我摸过你的翅膀，撒下一撮白药
你飞走的那天，我还蒙在鼓里
我永远打听不到，一只啄木鸟的
地址。可我知道，每一只啄木鸟
都和我一样，患有偏头痛
为了遇见你，我一次次在林深处走
用长喙般的指头，叩击过所有树木
并把最响的那棵，认成悬壶的郎中

寓　言

没什么好解释的。和你一样
夜深时，我也不得不
化身为一块冰冷的雕像
狮身，人面
在漆黑中，看守着
自己的木乃伊

稻草人

每一次，觉得奄奄一息时
就抓紧几根稻草，塞进这具沉重的
躯体里，为自己续命
如你所见，我于这世上浮浮沉沉
一息尚存。如你所知，我也模仿着
那些对我指指点点的人，用一副
不屑的口气，谴责自己：
瞧，你这具没心没肺的稻草人

行走记

多些什么，都多余。少点什么
都遗憾。一个人置身于
这无人的荒野，却生不出
一丁点野心。太圆满了
四面八方的风，只吹着我，只教我
落泪。每一滴眼泪的去向
都如此神秘。也许
左眼落下的一滴，完成了
一块云的最后拼图。而右眼的
那一滴，潜入泥土中
唤醒一粒松柏的种子，并催促它
长成一棵参天大树

比如，安详

比如，"安详"
也可以用来形容
屋檐下，那两只
形影不离的麻雀
比如，"安详"
也可以用来形容
暮色中，矮檐下
两个老人弯下腰身
在他们，早年备好的一双
棺木上，又刷了一遍漆
老两口子一边刷漆
一边说笑。棺木被涂抹上
迷人的油彩。去年
或者前年，他们就刷过
那时候，他们也很安详
但棺材的颜色，显然
没有现在这么深
——呃，安详的色彩
也是一层、一层
加深的

生在此山中

草长过，莺也飞过。更多的爬虫
与走兽，生在此山中，死也在
小溪蹉跎，野花静好
它们用自己的无名，静候着
四季更迭。假如陨落在山谷里的
星辰，需要无声的祭奠
那么山风中，将飞过一群
洁白的萤火虫。假如崖壁上
啜啜的雏鸟，正在找寻一条
返回巢穴的捷径。那么，每一棵酸枣树上
都将，高高挂起几粒，羸弱的灯笼

不一定

我看见它的时候
它围着我的住处转来转去
寻找着那些菜叶子，和食物的碎屑
它已经不飞了，很凄凉。它的翅膀
坏了。为了活着，一只鸟不一定
非要飞。我见过很多被伤害过的
狗啊猫啊。都是这样的
拖着残躯四处
爬着，蠕动着，忍受着
不一定非要飞，非要走
甚至不一定非要呼吸，心跳
那年冬天，那个流浪汉敞开
黑乎乎的胸膛，让我摸摸他的心
还跳不跳。他说，也不一定
非要摸我的
你也可以，摸摸自己的

无 题

风是干净的，风吹过岩石的时候
岩石也净了。露珠滑过草木
悄无声息。落在泥土里，消弭得
干干净净。一个满面风尘的人
在清溪边，坐了会儿
他想俯身，洗一把脸，却从溪水中
听到了，星辰走动的声音

黄土高原风成说

那么说，我的故乡
是一场，接一场的大风
刮来的。那么说
是铺天盖地的大风
带着一粒粒沙子，黄土
燕子衔泥般，堆砌成
山西，代县，段景村
那么说，在某一场无名的大风中
先人们，拖儿带女跋涉着
他们手拉着手，一脸汗渍，和泥土
像是大风创世的一部分
这么说，他们最后埋在土里
也等同于消逝在风中
这么说，我是风
留在这里的孩子
——我住在这人间的哪里
也不过是一场客居

黑暗中，我摸到了空

从黑暗中醒过来
像独自拐进陌生的街巷
我胡乱伸出手臂，仿佛把目光
向谁递过去。我摸到了一只杯子
它体温低下，如一具
沉默的小兽，没有多余的宿命
——它碎，或者等等，再碎

我把手臂，向黑处继续伸
路要走绝的样子。我摸到
香烟，但没有摸到火
——那缺失，让存在的部分
荒诞又多余

我摸到劳动服左边，还是右边
皱巴巴的袖子。但摸不出
上面新鲜的灰尘，一粒也没有
我摸到袖子上，一个磨破的洞口
但找不出，那些损坏过它的时光

我摸到了口袋

也摸到口袋里的身份证
但摸不到那张过于
年轻而扁平的脸
——它睁着眼，却不打量世界
甚至只用一串莫名的数字
就把自己固定

我终于摸到了火
如果我不去点燃什么
那么，我摸到的
是不是，就是空
如果我用这火燃烧了什么
那么，我摸不到的
是不是，就只是
空空的灰烬

那是我

那是另一个我，一边走
一边在清晨的大风里吼，那么老了
那么不甘心老。用尽量洪亮的嗓子
吼着那些老掉牙的歌

那是另一个我，在空荡荡的街头
一次次挥动扫把，归拢着自己
凌乱的影子。那些旧纸片里，写满陈旧的我
那些破塑料袋里，溅洒出发霉的我

那是另一个我，从窄窄的小巷里出来
背着沉重的书包。用一双惺忪的眼，敌视着
那条毛色黯淡的野狗。我微微隆起的喉结里
滚动着一句颤抖的脏话。狗也回骂了一句

那是趔趄的我，呕吐的我，三轮车驮着白菜的我
怀揣着假钱，想要花掉的我，在秤盘下放着吸铁的我
那是我，一个秤砣般铁了心的我，却忍不住
　次次在斤斤计较中，高高翘起

那是无数个我，在一场场寒风里，走着

那是无数个我，借用一个人的身体，度过
谁也可以度过的一生。那是我，我嘲笑过的我
我不认识的我，我愧对了的我
那是我，一个个脱壳而去，又不知所踪的我

奶奶，你叫苗什么花

我还是大字不识的时候
跟在你的身后，奶奶、奶奶
你的名字怎么写呀
你搓搓手，捡树枝在地上
画一朵什么花，擦去
又画下，一朵什么花
又擦去，很羞涩
奶奶，我还是大字不识的时候
就不知道你叫苗什么花
现在，我会写很多字
可你的名字，我还是写不下去
那种花，字典里以后也不会有
奶奶，那种花
已经失传了。奶奶
我也是画下，又擦去。很惭愧

黑夜了，我们还坐在铁路桥下

幸好桥上的那些星星
我真的摘不下来
幸好你也不舍得，我爬那么高
去冒险 。我们坐在地上
你一边抛着小石头
一边抛着奇怪的问题
你六岁了，怕黑，怕远方
怕火车大声地轰鸣
怕我又一个人坐着火车
去了远方。你和我靠得
那么近，让我觉得
你就是，我分出来的一小块儿
最骄傲的一小块儿
别人肯定不知道，你模仿着火车
鸣笛的时候，我内心已锃亮
而辽远。我已为你，铺好铁轨
我将用一生，等你通过

无　题

假如，需要我面对
空荡荡的蚁穴
或者，深邃的夜空
做一番，自我介绍
那么，我所经历的
自以为是的这一切
有哪一些事，能说得出口
有哪一句，能打动
——天上永恒的群星
——失踪的蚂蚁
——以及，瞻前顾后
却心有戚戚的我

无　措

冷风有种刀锋过唇的感觉
阳光从后背抹过来，斜斜的
也有一种被偷袭的感觉
我疑神疑鬼太久了
害怕天怒，也担心人怨
今天，我又手足无措地做了很多事
我害怕，我做的每一件事，妈妈
你都认真地看着我。或者
无论我做什么，妈妈，你都不会看我了

集 结

所有的母亲，从一块块田地里
耕作归来，集结在我们的屋檐下
一个二十多岁的母亲，在烧柴熬饭
一个三十岁的母亲，抱着我哺乳
一个四十多岁的母亲，捶打着一捆豆荚
一个五十多岁的母亲，满头白发
推着一辆平车，上坡，喘气
一个六十多岁的母亲，静静躺在土炕上
生病，吃药，一次次挣扎着
想要坐起来。最后一个母亲
瘦得像一张纸片，昏迷在那儿
我们一声声喊着你，想一岁一岁
把你喊回来。可你却
一声不吭，一口口咽着气
仿佛，要用尽气力，把清贫
又多病的一生，吞咽回
单薄的身体里

恩 光

光，像年轻的母亲一样

曾长久抚养过我们

等我们长大了

光，又替我们，安抚着母亲

光，细细数过

她的每一尾皱纹，每一根白发

这些年，我们漂泊在外

白日里，与人钩心斗角

到夜晚，独自醉生梦死

当我们还不知道，母亲病了的时候

光，已经早早趴在

低矮的窗台上

替我们看护她，照顾她

光，也曾是母亲的母亲啊

现在变成了，比我们孝顺的孩子

镜 中

每一面镜中的自己，都是迥异的
我常常不知道，该如何确认
哪一个是我，哪一个在刻意模仿我
哪一个处心积虑地，反对我
窗外的鸟鸣，衣服上的皱褶
瞬间映在脸上的光线，背后
一个老钟表的刻度……
都如此轻易，改变了我
我常常为此感到惊慌
——每一件事物，微妙变幻的背后
肯定，隐藏着一个
未知的庞然大物。每一秒
它都仿佛
一个弹无虚发的狙击手般
恐吓我，阻止我，干掉我

静夜思

等着炊烟，慢慢托起
缄默的星群
有的星星，站得很高
仿佛祖宗的牌位
有一颗，很多年了
守在老地方，像娘
有那么几颗，还没等我看清
就掉在不知名的地方
像乡下那些穷亲戚
没听说怎么病
就不在了。如果你问我
哪一颗像我，我真的
不敢随手指点。小时候
我太过顽劣，伤害了很多
萤火虫。以至于现在
我愧疚于，一切
微细的光

哭丧人说

我曾问过他，是否只需要
一具冷冰的尸体，就能
滚出热泪？不，他微笑着说
不需要那么真实。一个优秀的
哭丧人，要有训练有素的
痛苦，哪怕面对空荡荡的棺木
也可以凭空抓出一位死者
还可以，用抑扬顿挫的哭声
还原莫须有的悲欢
就像某个人真的死了
就像某个人真的活过
他接着又说，好的哭丧人
就是，把自己无数次放倒在
棺木中。好的哭丧人，就是一次次
跪下，用膝盖磨平生死
我哭过那么多死者，每一场
都是一次荡气回肠的
练习。每一个死者，都想象成
你我，被寄走的
替身

独坐书

明月高悬，一副举目无亲的样子
我把每一颗星星比喻成
缀在黑袍子上的补丁的时候，山下
村庄里的灯火越来越暗。他们劳作了
一整天，是该休息了。我背后的松林里
传出不知名的鸟叫。它们飞了一天
是该唱几句了。如果我继续
在山头上坐下去，养在山腰
帐篷里的狗，就该摸黑找上来了
想想，是该回去看看它了。它那么小
总是在黑暗中，冲着一切风吹草动
悲壮地，汪汪大叫。它还没有学会
平静。还没有学会，像我这样
看着，脚下的村庄慢慢变黑
心头，却有灯火渐暖

大风吹

须是北风，才配得
一个大字。也须是在北方
万物沉寂的荒原上
你才能体味，吹的含义
这容不得矫情。它是暴虐的刀子
但你不必心生悲悯。那些
单薄的草，瘦削的树
它们选择站在一场大风中
必有深深的用意

有间小屋

要秋阳铺开，丝绸般温存
要廊前几竿竹，栉风沐雨
要窗下一丛花，招蜂引蝶
要一个羞涩的女人
煮饭，缝补，唤我二棍
要一个胖胖的丫头
把自己弄得脏兮兮
要她爬到桑树上
看我披着暮色归来
要有间小屋
站在冬天的辽阔里
顶着厚厚的茅草
天青，地白
要扫尽门前雪，撒下半碗米
要把烟囱修得高一点
要一群好客的麻雀
领回一个腊月赶路的穷人
要他暖一暖，再上路

纸老虎

在这笔迹凌乱的旧纸上，画老虎
越画，越斑斓。像一头虎
终于在废墟之间
找到了，久违的身体
那些被遗弃了的横竖撇捺
往日婆娑无力。现在
随着一只虎的呼之欲出
长出了，杀无赦的尖牙与利爪

酒局上的招魂

众声喧哗。酒桌上只有我一个
写诗的人。某人问我
你写过什么，另一个肥头大耳者
却要我朗诵。我一一答应了
我说，我写过《将进酒》。接着
用呜咽的声调，我一口气吟诵了
那么多我写下的诗歌，我读完《新安吏》
又读《长恨歌》……我看见他们
恍若千年之前一样，对着我
肆无忌惮地笑。我看见
觥筹交错的桌边，无数荒冢在笑
白骨在笑，唐三彩在笑，金缕玉衣在笑
而我招魂般的嗓音里
风和，天气清
一个个我的诗人兄弟，已渐次复活
且，群贤毕至

舔　舐

太阳静静地吸附在透明的天空上
仿佛一只辉煌的壁虎。光芒
正是它无限的舌头
舔舐着善，也舔舐着恶
有人说，我们是一点点被舔光的
有人说，它一下子，就会卷走你我
我什么都信，点了点头，又点了点头

麦　田

永远是夺目的金黄，却永远无法收获
一片麦田，摆脱了皮尺的丈量
所以足够辽阔，让每个驻足的人
都为之震撼，并在内心
筹建着各自的粮仓。画中的小径
几百年了，尚有昨夜的泥泞。车辙新鲜
宛如，刚刚有马车驶过。驾车的人
一定是个老手，可能是去娶亲，也可能去
送葬……这有待考证。远处的尖顶教堂
影影绰绰，仿佛随时会消失
我站在这画前，屏住呼吸
听见了，唱诗的声音
顺着风，穿过世上所有的小路
也穿过，麦田前的玻璃框
来洗礼，一个永远徘徊在
异域的，陌生的我

脑海，即苦海

夜深了，一个人盘踞在
悬崖般陡峭的冥想里
时而粉墨，时而剃度
这百无聊赖的身体
在黑暗中，如一万条歧路般无常
这身体，方才还是一座恢宏的舞台
现在，就化成了一爿坍圮的寺庙
这皮囊，时而蟒袍玉带，时而百衲千补
这脑海里，有多少露不出的马脚
就有多少遮不住的羞。这脑海里
婚礼进行曲还没有结束，就从
不知名的某处，又传来
一阵阵哀乐
这冥想的一夜，让窗外的
整个世界疑窦重重，又让案头的
一只空碗，风起云涌

笔墨刑

这是一根普通的钢笔，墨水
在笔管里，动荡不安
仿佛一滴滴，囚徒的血
——尚未洒出来，快要洒出来了
一杆笔，正是一座秘密的监狱
我摁着笔尖，像押送着
一排排伏法者，来到纸上
这洁白、空旷的刑场
我也会紧张，也会手抖。当墨水
如血迹般，在纸上洇开
那些无辜的汉字，还不知道
自己曾是一滴墨水。而现在
已成为漆黑的供词，和干涸的遗言
我握着钢笔，如一个熟练的监狱长
把一滴滴墨水的尸首，放倒在
白纸上。我写下一行，又狠心涂掉一行
仿佛杀了一遍，又剐一遍

这首诗，给自己

我们哭过，在密室里。像一只
蜗牛，埋在苍白的骨殖里
用一具软弱的肉身，哭出的液体
几乎就要淹没了自己

我们哭过，在冬日熙攘的街头
仿佛一根墙根的干草，笔直
又枯黄。没有泪水，全身抖动
哭声呜呜的，几乎就要折断了自己

我们哭过理想，哭过现实，哭过
夹缝里，那个不由自主的自己
哭着哭着，突然会忘了哭的缘由。就像
另一个人，借用了我们的身体，哭谁

有一次，我们抱着哭。另一次
我们背对背，在哭。更多的时候
哭，仿佛是一件连累别人的事。你看
那个劝你哭出来的人，也忍不住，哭了

欲 哭

欲哭，无泪……
仿佛一个盲人，被谁
推出了盲道，每一步
都踩踏出无数个，深不可测的远方
欲哭，单手的孤儿，在杂技团
练习倒立。欲哭，风中的妇人
数着一把假钱。想俯首
伏在经书上，哭一哭
想仰面，在法庭的门外，哭一哭
欲哭，以一纸诉状，一条白绫
一副薄棺的名义。欲哭，以沉江的屈原
以发配的苏武，夜奔的林冲
我想用尽他们的身体，哭
我想在我欲哭的时候
就会有久违的泪水，从眼眶里
冲出来。仿佛无数个该哭
却不哭的人，终于找到了
归宿，终于把我
认作了，同类

黥　面

很多年前的深夜，我的伙计们
围着一堆篝火，昏昏欲睡
火中噼啪作响的树枝
像挣扎，像呻吟，像求救
仔细听，每一根枝条的喊声
并不相同。寒意瑟缩。火焰忽高忽低
映照着熟睡者僵硬的脸，像是为他们
一遍遍，耐心地黥着面。在炙热火光中
他们捂着黥过的面孔，被莫测的梦境
从这篝火旁，流放到无垠而黑暗的远方
忘了是谁，像火中的枯枝般
尖叫了一声，又死灰般，睡熟了
——每个黥面者，一定有热辣辣的
疼痛，需要喊出来
喊出来，就可以心如死灰般，流放了

假嗓子

这些天，我白天练习虎啸
夜晚，模仿猿啼。我还会一声声
打雷，一缕缕哀鸣，一阵阵怒吼
一会儿，我是垂暮的大象
一会儿，我是丧子的母狼
我把世上所有的悲欢，都用这一副
惟妙惟肖的假嗓子，演绎过了
现在，我又一边喊冤击鼓
一边拍打着惊堂木。我也不知道
这善恶不分的嗓眼里
究竟郁结着多少悲欢，滞留着
多少喜怒。我这百无一用的假嗓子
究竟饶不了谁，又救不了谁
也许，我生来就该是
一个又聋又哑的人，就不会一次次
陷入，与自己永无穷尽的口舌之争

冬日，有人练习倒立行走

还有古道，已经被城郊的荒草
埋了。还有西风，从烂尾楼的窗户里
呜咽着穿过。还有人在昨夜的梦中
降龙伏虎，而清晨醒来，却只能手持着
廉价的扩音喇叭，售卖着廉价的
老鼠药和蟑螂药。远处，一个老人
在公园那冰封的湖面上，苦练着
倒立行走。很多年了，他双手
托着我们这颗
冰冷的地球。而两脚
一次次，踩踏着
凛冽而蔚蓝的天空
像是溺水，又像是在拯救
这颗溺水的星球

邀

我造访过的古人，都不肯随我
回到我的时代。他们宁愿
待在一场场，挥之不散的云雾里
陪我，彻夜谈论着人心和肚皮
这永不能一致的，两样道具
我甚至不敢做出
邀请的手势。我知道
每一次，狼狈的是我
逃遁的也是我。昨夜
也是梦中，抱着石头的屈原
在江岸，抱住了我
他湿淋淋，掩面叹息的样子
让我惶恐。我不配
与他，谈论石头和肉身，哪个
更沉重，哪个更恒久
我怕成为，他怀里的
那块冰凉的石头，更害怕成为
那具被石头压住的，几千年
不能幡然的，一个孤臣的肉身

疑心病

也曾在梦中，一次次长出过翅膀
半梦半醒的时候，又总是一次次怀疑
每当我，把手伸向肋下
想要查验的时候
那让人骄傲的羽翼，就诡异地消失了
一定是我还不够自信。一定是
多年的疑心病，让每一双
横空长出的翅膀，弃我而去
——猛虎从不怀疑自己的斑斓
——凤凰从不怀疑前世的涅槃
要是一个人，从不怀疑自己，多好啊
那样，就能无法无天，就能
在梦中，避开尘世的耳目
一次次远走，高飞

火山口

在我荒凉的唇边，一些词
已如冷却的熔岩般，沉寂
我不能对着一个土堆，喊出"妈"
我不能，一边拨着乱草，一边喊
两年了，我还没有习惯
带着冥币，带着祭品，来看一个人
两年了，我的舌头，总是蒙着一层
厚厚的火山的灰烬。只有在坟前
才无法抑制地，喷发一次

无　题

我打过母亲。我记得
我用最大的力气
一拳拳，擂在她
孕育过我的肚子上
她刚从地里，冒着大雨回来
背着一捆湿淋淋的猪草
胳膊上的篮子里
还装着，刚摘的豆角
我一定是饿了
对她哭着，喊着，捶打着
她也一定是饿了
揉了一下肚子
就去做饭了
——那是我五岁，还是六岁
尚不会，受到任何惩罚
我蛮横、无知，不会想到
多年以后，指头上的关节
都会在每个雨天，隐隐作痛

轻

轻的，是月光落在羽毛上
轻的，是婴儿沉睡在臂弯里
轻的，是穷人的家里，进来一个
蹑手蹑脚的小偷。他轻轻推开门
看见一对盲人夫妇，刚从按摩店下班回来
在黑暗中，煮着一锅面条
他关门的声音，羞愧极了，轻极了

看起来，是甜蜜的

蜂巢从枝头掉落的时候
野蜂四散。在漫空嗡嗡的敌意中
我摆脱了它们的围剿
捧着，那让人垂涎的
战利品，返回到伙伴们中间
我不知道，该如何描述
那个得意洋洋，又隐隐作痛的瞬间
而现在，我依然是那个
满脸通红的馋孩子，一次次
跑到人群中，藏起被蜇痛的双手
让你们，看见我的时候
是甜蜜的

无 力

写一个字，就是埋一粒种
而这些年，我一垄垄，一片片
面朝黄土般，在堆叠如梯田的白纸上
刀耕火种，不计收成
我活成精疲力竭的样子
却无法，让一张白纸
郁郁葱葱，像祖父在世时的那一片祖田

无 题

常常，等四下无人的时候
我躲在深夜，像在黑市上铺开
摊位般，悄无声息地铺开
一张张白纸，贩卖一粒粒
来历不明的汉字。我是用笔尖
销赃的人，兜售着一行行
没有生产许可证，没有出厂日期
也没有合格证的诗歌。我从
自己非法的身体里，偷偷开辟了
一条走私词语的通道
我是个提着头颅，冒险的惯犯
迟早会，被时光没收掉
一切通感和比喻的权利

卷

二

喊

站在高坡上，随便喊一喊
沟壑里，就会诞生一座村庄
凭空出现一孔老窑，随便对着
哪座窑洞，再闷雷般
喊一声，就有一个红脸蛋的女人
走出来，给你递过一碗水。不能再喊了
再喊，就有婴儿降临
再喊，这婴儿就应声长大
扛着铁锹出门了。他把一面坡
种绿了，才肯回来
他要把一把锹，磨秃了
才肯佝偻着腰，披着星光
回来。他对着哪个窑洞
呼唤着，哪座窑洞里
就会惊醒一个咳嗽的女人，把灯亮起来

黄昏太美了

黄昏太美了。可是黄昏中的夕阳
太疲惫了。你看它，一点一点
滑下群山的样子
多像，一步步，被铁链拖上刑场的囚徒
——不甘心啊。此时，谁望着他
他就是谁的亲人，那么无力
那么无辜。他那样望着我们
也望向我们身后，越来越粗大的黑暗
枷锁般，围了上来……

惊　蛰

去年用旧的身体，今年还能一用
去年已老态龙钟的人，还可以
拖着自己的残躯，在春风涤荡的街头
钉鞋的钉鞋，捡破烂的捡破烂
他们又穿着，那一身身褪色的衣衫
像一条条，无名无姓的虫豸
蜷缩的，继续蜷缩
蠕动的，继续蠕动

山村里的神树

一棵柳树，足够老了
就会被系满红布条
红布条足够老了
就会褪成，白布条
远远望去，一棵系满白布条的柳树
没有一点点神气。在腊月
它佝偻着，挥舞着细细的枝条
不停抽打着身上的褴褛
再远一点儿，望去
它背后的小庙
灰土土的，像摆在那里的
一口旧瓷碗，向我们
讨要着什么

圣 物

多年前，也是这样骤雨初歇的黄昏
我曾在草丛中，捡拾过一枚遗落的龙鳞
我记得，它闪烁着金光，神圣又迷人
它有锋利的边缘，奇异的花纹
我闻到了，它不可说的气息
我摩挲着它。从手指，一阵阵传来
直抵心头的那种战栗。我知道，我还不配
把它带回人间。甚至此时，我都不配向你们
述说，我曾捡拾过一枚怎样的圣物
我又怎样慎重地，将它放回草丛。我目睹
一队浩荡的蚂蚁，用最隆重的仪式
托举着这如梦之物，消失了

雪 人

终于堆成了一个，与世上所有的雪人
都不一样的雪人。终于让一个雪人
拄着文明杖，打着领结，戴着墨镜
仿佛他很有教养，仿佛他已
经历过人生，拥有家室、儿女，和自己的事业
他坍塌的那一瞬间，我的胸口仍然
绷了一下。但已远远不像
那些常见的，傻瓜般的雪人
更让我揪心……
它坍塌得那么从容，安详
仿佛它觉得，被堆成这样，这辈子值了

林子大了，什么鸟都有

现在林子没了，什么鸟还有
早市上，一排排笼子
蹲在地上。鸟们
蹲在笼子里
卖弄似的，叫得欢
那人也蹲在地上
默不作声

这一幕，倒像是
鸟，在叫卖笼子
叫卖那人

冰上语

去年在冰面上，写下的那段话
早已融化，随春水淌向
无名的远方。这一路，我的言辞们
颠簸着，生机勃勃而又险象环生
我担心，它会被一群饥渴的飞鸟
衔去，成为饶舌的谶语。我期待
这段话已冲破，拦河的堤坝
在咆哮的泄洪口，重新组合
或分行，幻化为一首多情的歌谣
我的这段话，浮浮沉沉，一路上
凝望过古老的河床、萧瑟的两岸
某个动词，曾抚摸过一群群牛羊
无辜的嘴巴，和新寡者
冰凉的脚踝。某个叹号
被摆渡的老船工，打捞起来
又哭泣着，抛入
浊水中……每一个字
都如此多舛。它们随波逐流，不断
加深，或减轻着自己的含义
它们被肢解，被污染，被忽略着……
如果我乐观一点，我想让它尾随着

一个佝偻的农人，进入他的田地
去灌溉一株瘦弱的野草。如果我能
更乐观一点，我希望这段话
卷入大海的风暴中，再奇迹般
围拢在一起，被浪花一遍遍朗诵
或呵斥。也可以，让一只失孤的母鲸
吸入腹中，再愤怒地喷出来……

外星人记事

惊人的丑陋，伴随着惊人的智慧
看上去，他对美食和烟草
并不钟情。他的飞翔，无需翅膀
那么，飞翔的快乐就无从体验
他不需要婚姻，以及爱
甚至，拒绝了房子和家园
那么，这苦行僧一样的外星人
又如何比得上，窗外那群
叽叽喳喳的麻雀。他以恒星的光芒
为食，小小的身体，如同一个
没有味觉的黑洞。昨夜
这个飞天遁地的外星人，光临了
地球，和我告别的时候
他很客气，"先生，你诉说的快乐
我从未体会。也许只有死亡
才算寻欢作乐。欢迎你参观我的葬礼。"
说完，他就如流星一样，熄灭了自己

钟声手札

钟声是一件悬而未决的事
敲钟的人，需要在回肠荡气中
把握住余音断裂的瞬间。否则
两个时间，会莫名地纠缠在一起
谁也分不开它们……
甚至，时光从此会踏上歧途
在漫长的错乱中，诞生几个
疑心病、诗人、花和尚与皮影戏子
——这太疯狂了
所以，敲钟的人，往往都活成一副
吊儿郎当的样子，以此来抵抗
自我的判决

坊间谈

窗外，一排干净的肉体
倒悬着。那些被人类喂养大的畜生
又返回来，喂养我们。我和我的
屠夫朋友，坐在腥气氤氲的肉铺里
谈论着一些莫须有的事。而它们
这些被刀子与沸水，伤害了的
哺乳动物，隔着油腻腻的玻璃
聆听着我们的对话。它们安静、沉稳
一点儿也不忌讳，我们说起
它们的价格、成色，甚至生前事
这些亡而无魂的畜生，冷冰冰挤在一起
根本不理会，这场
无关灵魂的闲谈，更不理会
世上，那一场场关乎肉体的争论

血手印

在一面贴满小广告的墙上
我曾摁过血手印
我是喝醉了，路过的
我是喝醉了，扶着墙
在层层叠叠的小广告中
看见那张
泛黄的寻子启事
"如有知情者，必泣血感谢"
我是这个时候，才发现
我扶墙的手，不知道什么时候蹭破了
我是重重地，在那张启事上
摁了一个血手印，又摁一个
我是摁满了一张纸
才去思考，流血有多疼
泣血有多痛……

遇驴记

山在爬山，河在渡河。残阳下
一头驴子累了一天，正拖着
一条血红色的土路，像拖着自己
细瘦的肠子，靠近我。我要是
有一把盐，多好。有一把草，多好
我要是一把盐，多好
我要是一把青草，多好

而驴车上，捏着鞭子的人，在打盹
他知道，一头驴再傻，也不会把一个人
带往别的地方。一头驴再傻
也知道，打盹的人，还握着鞭子
鞭子，是一本愤怒的圣旨
鞭子，是一道疼痛的闪电

作 古

但凡活着的人，都会犯傻
因而，那些被赞美和传诵的智者
就只能是死者。亡魂们
冷冰冰的口吻，往往
比苦口婆心的人，更有说服力
你知道吗，我笔名里用到的
这个叫张二棍的人，早已
作古多年……
你知道吗，这些纸上的文字
都是我捉骨为笔，蘸血成墨

替他，一页页誊写
昨夜，他又托梦于我
要我去一面湖水中，打捞一块
残碑。他告诫我——
圣贤的英名，就是一块好砚

夜望般若寺

大殿的屋脊，白白吞食了无数年的月光
依然一片漆黑。檐角的风铃
瑟瑟颤动着，像一排衣衫单薄的哨兵
僧人们应该都睡了，而佛堂里的莲灯
将彻夜亮着，光线那么安详
让屋顶上诸多的小兽，都寂静了下来
四面八方的冷风，吹过它们
一张张呆萌的脸
有一只什么鸟
伏在一头小兽的后背
抖了几下羽毛，它仿佛是
一床温暖的被子，主动
往熟睡的身体上
掖了掖，压了压

皮影戏

光，让那么多
刀割过的皮，一下子活过来了
一张张皮，就成了一条条命
皮，背着皮逃亡。皮，给皮下跪
皮砍了皮的头。皮，哭着皮的死
终于要演完了，我耳中
皮给皮，喝彩。皮，在鼓掌

无　题

她爱哭，每一次哭起来
都像是逢场作戏。但每一次
都能撕心裂肺。她哭了很多年了
在这个小县城，她是泪水最多的人
谁也不知道，一个疯子
哪来的那么多泪水
她哭起来的时候，旁若无人
她哭起来的时候，仿佛身体里
住着一万个无头的冤魂
每一次哭完，都仿佛
完成了一次，大汗淋漓的劳作
每一次哭罢，都会诡异地笑一笑
仿佛，她用一场大哭
犒劳了自己
仿佛，只要她哭过，我们的泪水
就会少一点，而这世界
就会美好一点

失踪者传

你走之后，你的田园荒芜
屋瓦长满青苔。你家的门前
走过娼妓，僧侣，小兽与大盗
每一枚脚印，都在更深地
掩埋着，你的痕迹。现在
谁也说不清你的样子了
尘世间的那些描绘，都像是捕风捉影
他们说起你的时候，像是说起
一团散开的鬼火。他们指着
远山和大雾，说你。他们指着
幽幽的井水，和无名的鸟鸣，说你
——谁也无法寻找到你
连你的父亲，也讳莫如深
仿佛他从未认识过你
他坐在屋檐下，编着一个箩筐
编着编着，就忘了
像个新手。直到烟灰落满了膝盖
他才想起，你也在他的膝盖上
静静地坐过。他每一次忆起你
都仿佛，你的一次新生

无　题

路灯下，两个农民工饮着啤酒
有时，也会轻轻碰一下深绿色的玻璃瓶
像两只深夜的土拨鼠，好奇地
弄响了手中的翡翠
他们的面前，摆放着一袋什么
彼此谦让着，吃着
你递给我，我递给你
仿佛两只信鸽，来自两个友好的国度
彼此传达着盟书

袋　鼠

在我们这里，最著名的袋鼠
莫过于那只狗
或者说，我们这里
最著名的狗，莫过于
那只，唤作"袋鼠"的
失去两只前爪，只能
一蹦一跳的流浪狗
每天，都有人
追着它拍照。如果它不蹦
拍照的人，会像其它
无名的流浪狗一样，嘴里
汪汪着，撵它。如果它还不跳
他们就会，学它的样子
蹦着，跳着，继续撵它
今天，我看见一个人
举着手机，蹦着、叫着
比它，还像一只袋鼠

法　事

大海归拢江河。归拢江河两岸的
落叶与鸟啼。众水集结为废墟
浪花开落，仿佛一场永无止境的法事
在海底，抛弃人间的万物，成为一件件静物
终将覆盖上，寿衣般鲜艳的珊瑚

鹫

我不哭，也是个泪人儿
我不哭，也有一阵阵裂帛的声音
在身体里，蓄积着
我没有泪腺，没有声带
我是一只被死亡供养的秃鹫
一天天，啜吸着你们的哭声
长成了一座
翱翔的坟墓，深埋着数不尽的悲欢
情人们还在我的胸腔里，发出
世仇般的争吵。冤死者成群结队
挤在我细细的嗓子里
哭嚎着，鼓动我
啄食，一个独眼的法官

绳 子

从来没有一根绳子，是这世上的
主角。空荡荡的小船，慢腾腾的老牛
或一只空桶，一双血淋淋被反绑的
胳膊，一旦附着在绳子的尽头
就会轻易改变，绳子的善恶
是非。有时候连绳子本身，也会陷入
错愕与挣扎。许许多多纠结
一团的绳子，被用过之后
灰茫茫委顿在地，一副
事不关己的样子。好像
扯下了什么，捆绑着什么
勒死了什么，它们也束手无策
我曾见过，某根绳子的一端，拴着
一块哑口的石头，另一端系着
狂吠的老狗。在静默与嘶吼
之间，绳子一再绷紧了自己
又反复，疲倦地松开
仿佛被折磨的是它
被索命的，也是它

沙尘暴

这么多愤怒的沙子，起义的沙子
痛击一个个行人的脸颊
我埋首，掩面，像一个刚刚
被流放到此的罪人，满面风尘
穿过这末日般的街头
也许，我真的有罪
不然，那么多的沙尘
怎么会一路，追捕着我
直到我逃进这房间
它们仍一阵阵，敲打着窗户
好像在催我自首，唤我伏法

战场上的田鼠

越过铁丝网、地雷和瞭望塔
再匍匐过一片弹雨，一只
机警的田鼠，仿佛一个
训练有素的老兵，钻进了
自己的防空洞。那里储存着
几粒饼干，发霉的军用罐头
谁的一枚指头，谁的半只耳朵
……它们敌我不分，杂乱地
拥挤在，半封带血的家书上
——在这座黑暗的迷宫里
凯旋的田鼠，像个得意洋洋的
将军，忍不住又清点了
一遍，自己的战利品

战场上的蝴蝶

它翩翩飞舞的样子，仿佛战斗
从未打响，从未有过炮火
与肉搏，冲锋和倒下。一只
硝烟中的灰蝴蝶，充耳不闻
身边，无数残躯的哀嚎，只专注于
自己的行途。它不紧不慢，俯身于
一朵，刚刚被炸弹，唤醒的花
它吮吸着，那花蕊上
微小的甜蜜。早已忘记，刚才
它的爱人，被一具
血肉横飞的身体，轰然压住

战场上的毒蛇

拼命向前蠕动，像一个
被干掉了四肢的残兵，败将
看上去，既让人绝望，又让人心疼
它的尾巴，刚刚断在一枚
流弹之下。现在，它拖着瑟瑟发抖的
残躯，向前线一寸寸匍匐
它怎么会知道，自己口中含着的
那一点点毒，该报复谁，能报复谁
如果疼痛再多一点，它会不会
把尖牙，咬向自己，像那个
被枪口，对准胸膛的俘虏

窃听器

多少个夜晚已逝去，谁和谁
还在窃窃私语，那纷扬的言辞
像一层层，落不尽的黄沙
覆盖着，我的耳膜。永无宁日了
终归，我是一枚被安放在人间的
窃听器，在不绝于耳的
诡辩、教条、阴谋中，患得
又患失。我宁愿这一切
都是虚妄和幻听
可你听，现在又是谁和谁
低低絮叨着——救命啊

暮 色

远方。每一座山峰，又洇出了血
云朵比纱布更加崩溃。暮色正在埋人
和当年一样慌乱，我还是不能熟练听完
《安魂曲》。我还是那个捉笔
如捉刀的诗人，用歧义
混淆着短歌与长哭。一天天
在对暮色的恐惧中
我还是不能和自己一致。总是
一边望着星辰祈祷
一边望着落日哭泣

暮色中的事物

草木葳蕤，群星本分
炊烟向四野散开
羊群越走越白
像一场雪，漫过河岸
这些温良的事物啊
它们都是善知识
经得起一次次端详
也配得上一个
柔软的胖子
此刻的悔意

寒　流

寒流在清晨，叩响屋檐下的
风铃。它感觉到冷了，嘶哑着喊
娘也感觉到冷了，一路咳嗽着
去了姥姥的坟地。纸糊的衣服
绑在自行车后座上，一路颠呀簸呀
破了几个洞。她急得哭了
就像她小女孩时，给农忙的姥姥
送饭，不小心打翻了
一样的哭。她哭着哭着
就破涕为笑了。仿佛又一次
得到了谅解

路过她们

她们在清晨的冷风中
夸张地，扭动着衰老
而臃肿的腰肢。当一首音乐
停顿下来，又换一首的时候
她们流露出一丝
恐惧，与无所适从
每一天都是这样
每一天，我们都毫无经验地活着

那时候我不相信自己看见的

我看见堤岸，抱紧了流水泥污的遗体
我看见蝌蚪们在水草中，长出恶念的四肢和舌头
我看见，夕光把我的影子铺在电厂后面的湖水上
试图托住一只幼小的鹭鸶
我看见它的伤口。我的影子像一块旧膏药
染上它颤抖的身体里，滚出的血。我看见
它摇着白茫茫的头，仿佛多年前的那个老妇人
在人海中绝望地向我说，没用，没用的……
如果黄昏消耗得再慢一点，我还将看见
我与这落日，这幼鸟，共用这一面湖水
——一颗不再深绿，不再蔚蓝，不再澎湃，渐渐乌黑的心脏

成为一片海

我决定澎湃，成为一片海
我决定辽阔，哪怕把自己
淹没，也无需别人察觉
我不要岛屿，拒绝过往渔船
——要坚守这贫瘠
我只有棱角分明的礁石，一遍遍
抵住浪涛。就像一个倔强的人
抱着命定的苦难，像拳头捶击心脏
再养一只高傲的鲸吧
游荡在自己的海域，吞吐着
卑微的鱼虾。呃，我多么需要
一根不朽的绳子
垂到自己的底部
以此来察验内心的深浅
但我不敢建设灯塔
高高在上的光，原本
就不是一片海的需求

开 场

我的开场，是一截哭声
我哭得越洪亮，我的亲人
你们笑得越开心
我的谢幕……
呃，或者那时候
我已经说不出话来了
你们哭着，我的亲人们
你们用哭声，覆盖着我
像给我，重新披上了
一件襁褓

残　网

去年的半个蜻蜓，还困在
半张残破的蛛网上。像废弃的监狱里
一个被遗忘的犯人，仍保持着
越狱的姿势。我轻轻扶了扶它
假装能让它，获得点儿什么力量
不敢太用力，它的身体已经干透了
不敢太用力，怕这半张摇摇欲坠的蛛网
带着半只弱不禁风的蜻蜓，一起毁灭

树

旷野中，一棵棵杨树，柳树，槐树
各自捧着，大大小小的鸟巢
宛如晚风中，嶙峋的乞丐
捧着各自的破碗
一个，两个，三个，数到
第八个鸟巢的时候，我的心
颤了一下。那是一棵
快要倒伏在地的树啊
还紧紧地抱着，一只
漏风的空巢，像凌乱的疯母亲
抱着空荡荡的襁褓

行 迹

渴望这小径，永无尽头
能在这途中，遇上古代的猛虎
也遇上未来的野人。渴望这沿途
可以凝望雪山上亘古的寺庙，也能
目睹渡口倏忽的离人。就这样
走下去，走成逃荒的样子，寻仇的样子
卸甲归田、进京赶考、雪夜访戴的样子
走成过易水、出祁山、下扬州
西天取经的样子。我孤身
行迹于这里，仿佛携带着
古往今来的自己，背负着
千山万水中，那一代代
百姓的宿命

对　峙

疾雨中，两头血淋淋的牛
以角相抵。两团火焰般
愤怒地对峙着，碰撞着
谁也不知道它们，争什么
这对峙，让它们蹄下的青草
与腹中的青草，也彼此
生出了怨怼。这对峙，迫使它们
身后的田野，分裂成
两块仇恨的疆土。而头顶
两团云层，正在撞击出一道道
激越而血腥的闪电

无　题

黄金、青铜、大理石、生铁、石膏……
这世上，充斥着一尊尊
神态各异的雕塑。还有一些雕塑
由木头、泥巴、灰烬，甚至是
幻觉、苦恼、愤怒、绝望……
雕琢而成的。你看，这一尊尊
由骨头与脂肪，细胞和血液堆积而成的
雕塑，又被哪双手揉捏着，推搡着
来到了街头，一天天彼此打量
彼此消磨，直至身形模糊，行迹全无
面孔斑驳。直至，又坍塌成
一堆堆，不可考的尘埃

借 箭

孤身，在大雾茫茫的人间驶过
向四面八方，敞开这草垛般
没心没肺的身体，等着谁
叫阵，点狼烟。又等着
谁谁谁，挽开愤怒的弓弩
这些年，我如一条借箭的草船
在浊浪里穿行。每一次瞄准
都是一次破空而来的赠予
我终将，怀揣着十万支利箭
把十万个杀无赦的敌意，带去远方
我终将在海天一色的尽头
举起，一枚燃烧的箭镞
插入自己草垛般的身体
让万千凌厉的伤口
化为灰烬，无迹可寻

假　死

每一天都有人假死，每一天
都有人装作病重，又假装咽气
他躲过了寿衣的包裹，花圈的覆盖
以另一副，截然不同的面孔
出席在凄凉的葬礼上。他望着
自己伪造出来的遗体，鞠躬，叩首
拟下一副挽联，泣不成声
他不忍心自己，就这样
被草草下葬，咬牙决定
召唤回，那个转世的自己
来陪葬，这个死去的自己

偷渡客

又一次潜入回忆，像个冒失的
偷渡客。一步步，蹑手蹑脚
来到少年时的田野上
我看见年轻的母亲，站在
泥泞的稻田里，弓着
瘦弱的身体，一步步后退着
插秧。她还不知道，我从回忆中
偷渡回来了，就站在她身后的田埂上
她怎么能想到，一个比她还苍老的人
会是她顽劣的儿子。母亲，如果你
回头望见我，一定会吓一跳
会为我担忧。多年不见
你还是那个，矮小的农妇
而我，早已长大，却依然
肩不能挑，手不能提，哪怕在回忆里
我连一个插秧的动作，都无法完成
可母亲，你倒退着插秧的模样
却依然娴熟，轻快。一点儿也不像
你晚年病重时，那样迟缓，无力

沙场秋点病

河岸边的挖沙场，一片疮痍
疲惫不堪的工人们，如一匹匹
刚刚卸下货物的骆驼。他们热气腾腾
围在了一起，互相递烟，开着
粗俗的玩笑，又说起了各自的病
腰肌劳损，关节炎，贫血，阳痿……
还有一个人，憋红了脸，却怎么也
说不清自己的病。我站在不远处
也点起一支烟。多想融入他们
一起劳作，流汗，然后歇息。我也想
大声笑着，把自己罹患的隐疾
在手术刀般的秋风中
与他们娓娓道来，又一笑置之

后土庙的三座戏台

后土庙的三座戏台，像三个
挨肩擦背的兄弟，站在太阳底下
等着，三锣，三鼓，三把二胡
等着，三个咿咿呀呀的花旦
在庙会之时，一起登台，亮相
一起，把百灵一样的嗓子
徐徐打开。多美好的三个女子啊
站在三座，兄弟般的
戏台上，面对着人潮人海
为你，我，他
一咏三叹，唱着
我们三生难忘的情话

显　眼

天上最显眼的，就是太阳了
太阳下最显眼的，就是那些光着脊背
在坡上，劳作的人
这么多年，有人提着罐子
给他们送水，送饭，擦汗
这么多年过去了，提罐的人老了，腿脚
越来越慢。快日落西山了
还没有送到。有时候
送到了，可田地已经荒芜
锄田的人，也被杂草深深
埋住了。"老头子，老头子……"
怎么喊，都不答应
拨拉开哪一丛
都不像。最显眼的
是那些不管不顾的草
饿疯了一样，点着头

古沙场墓群

他们被叫作，大多数、充其量、莫须有……
十万处伤口，十万只绵羊，十万个冷笑话
一道圣旨像一声鞭响，他们动了
去戍边，去望同一轮圆月，领受同一场风雪
去出征，去点同一柱狼烟，把守同一道城墙
一夜风雪？一次伤寒？一场溃败？
不清楚，总之他们死了……
死多少，不具体
反正死多少，一座坑就埋多少

一场戏的尽头

一场戏，终于演到了尽头
那个年迈的皇帝，悬梁自尽了
这破旧戏台上的死，这众目睽睽的死
这灯光边缘，有人鼓掌有人叫好的死
这死，夸张、变形、突如其来
像全部的灾难一样
连哀悼和埋葬，都略去了
只有毫无新意的锣鼓，旁敲侧击
渲染着。只有那个戏子
从自己的死中，独自复活过来
像逃生般，拖拽着那个被灯光
摁在地上的影子
返回幕后。他向着虚空
唾了一口，像是对死的一次嘲弄
他有点儿累了，窝在角落里
无所事事。仿佛，活过来
才是，一件无聊至极的事

轮　回

我也有了，老一辈人
才该有的抠门。我迷恋上
把一张张零钱，压在枕头下
像我祖父在世时那样，翻出来
数一数，再放回去
他无数次说过：
钱是有翅膀的
他总以为，一个人清苦一点
钱，就不会飞走
可他到死，也没能
用零钱，塞满自己的枕头
他死后，更无法阻止
纸钱漫天，纷纷扬扬

星　辰

戈壁滩上，牧羊人的毡房顶上
漫天星辰。他的小儿子
给我扳着指头，数过其中几颗
像数自己家人一样。他说
数过的星星，就是喂过的羊羔
又安静，又温驯
后来他睡着了，指头蜷曲着
那么紧。仿佛掌心，藏着一座宇宙

头羊的口信

芦苇们在风中，一层层荡着
有种魂不守舍的美
柳树无叶可落，用枝条
细细抽打着自己
河岸上的羊群，呆呆地
望着我，眼神里没有一点祈求
真想回到它们中间，不再忍受
羞耻心的折磨。我真该是
它们中的头羊，领受更多的鞭子
也若无其事。我真的，就是一只头羊
在累累鞭痕中，引领着一场洁白的漫游
——听我说：
当我走向荒草，荒草就是真理
当我离开荒草，荒草就是圈套

在北方

在北方，山川没有秀美的使命

大河要再浑浊一点，才配得上千年

累积的名声。在北方，树木忌惮冬天

每棵树，至少要装死九九八十一天，才肯泛出

一点点青，这就像，那些杵在墙角咳嗽的老头

年年都摆出一副气绝的样子。在北方

石头就是石头，不必点缀苔藓

下雪就是下雪，从不夹带雨丝

在北方，天宽地广。喝一个朋友的喜酒

要走一百里的路。他的新娘子，要盘着腿

坐在热烘烘的炕头上。她穿着对襟的红棉袄

递给你一把喜糖的时候，像极了

一个让人温暖的祖母

晃

比悬崖更陡峭的，是生死
比生死，更陡峭的是
悬崖上的生死。在视频里
一个人缓缓打开了自己的保险绳
纵身一跃。莫名其妙的绳子
被莫名其妙地解开
一截被遗弃的绳子
六神无主地，晃啊晃
在悬崖上，在生死间
在几十秒的视频里，在长如一生的镜头里

田　野

田野光秃秃。春天还只是
一个在传说中，四处游荡的消息
众鸟不厌其烦
于枯干的枝丫间，穿梭着
这生机勃勃的穿梭
这无穷，无欲无求的穿梭
积雪，寂静融化着
这死一般的融化。这融化
也在我的心底，葬礼般
进行。我孤零零地游荡着
无法腾空，也无法俯冲
我死气沉沉地融化
无迹，也无声
仿佛，我是一个过时的古人
面庞苍老，背影绝望
我的竹杖芒鞋，何来
我的空山，何往

隐士传

山林空寂，你被风霜填满的身体
是这峰峦间，一间朗朗的书院
蝴蝶不知疲倦地穿梭着
如失心的名伶
麂子从你的背后一晃而过
有着古人般，让人感怀的脸
假如，我也在此面壁多年
也会如你，将毕生所学
教授于身后山溪中，游弋的鱼虾
并期待着，它们一路顺水而下
在波涛间，诞生一两只
济世的真龙

山中去

又有人背着罗盘，去了云雾凄迷的山中
说要寻一处好风水。我见过好几拨这样的人
求仙、寻宝、找风水。他们雄心勃勃
走得那么急，一副时不我待的样子
这样的人，我不能拦，风雨雪霜拦不住
许多山中的事
我现在还不能透露
许多山那边的事
我永远也不说

卷

三

天坑下

一

垂绳的人早已离开，绳子
在吊坠过最后一个人之后，就开始了
腐朽。只有麻风病人们
留了下来。他们宛如
一个个高僧，需要朝夕
面对着，这万仞悬崖
一遍遍，功课般
呼喊着每一个亲人的名字
那此起彼伏的喊声，在天坑下久久回荡着
——让那些喊声多回荡一会儿吧
他们一直喊着，就会忘记了疼痛
他们一直喊着，就不会绝望

二

爱闪电，不恨白云；爱惊雷，不恨清风
要爱这里，不要恨人间。被坠入天坑的人啊
要爱自己，而不必恨谁

要感激这低于人间的天堂，恰好
容得下，这一群高于死者的活人

三

山水迢迢，歧路漫漫
有几个插翅难逃的人
苟活下来了。他们仰着脸，向天空喊
"放下一包种子吧，我们要开荒"
"放下两头小牛吧，我们要耕田"

四

绝壁下，竟有了恩爱。竟诞生了一条
一条条，赤裸的生命。麻风病人的后裔们
在面壁和仰望中长大。他们开始练习说话
他们用先辈的口吻，开始了彼此的问候
——今天，你疼么？
——今天，你疼得厉害么？
他们没有遗传那种恶疾，但
继承了，麻风病人的悲壮

五

无年，无月，无日落

无税赋，无战争，无计可施
在这万无引力下，有了房子，有了家园
有了男耕、女织，有了一段段
相濡以沫的故事。有了人间的另一种
版本：天空逼仄，大地微小
满目，都是亲人，和亲人的坟墓

六

唯一的噩梦是：
天空中又垂下了带血的绳索
要绑紧他们，下来

唯一的美梦是：
天空中又垂下了干净的绳索
要他们绑紧，上去

七

她一直未死，可她一直等死
孤寡者更老了，她夜夜守候的棺木
越发陈旧。"我越来越害怕
没有多余的力气，爬到里面去"
——可是老奶奶啊，你比我们幸福
你有二十年时光，精心等候着死亡

而我们，却总是在一次次

猝不及防中，遇见

我们，才是没有多余力气的人

我们中，必有人死在路中央，必有人死在菜市场

我们必将死得狰狞，死得急迫，死得不像是卖命

八

在这幽深的天坑下

喊谁的名字，回音都会久久不散

那些四处碰壁的名字，像一缕缕

筋疲力尽的游魂

将被禁锢在这里，无法逃逸

临走的时候，我喊过自己的名字

那声音，现在谁也听不见了

但永不会消失。假如你也去了那儿

请留心一下，那棵最小的草尖

有没有，微微的颤动？

那是我的名字，被挂在了风中

无邪书

1

无香可焚，无琴可弄
仍怀有一颗，琴弦般起伏的心
被一种，古老的指法，深深摁住，又松开

2

一次次，置身于凛冽的空气中
每一次的寒意，都有所不同
来自后背的，来自脖颈上的，来自脚底的……
——去年的这个时候，我走在给母亲买药的路上
也有一阵阵寒意。我至今，说不清……
仿佛来自四面八方
仿佛来自那一小盒，白白的药片里

3

我有些单薄。但人群中暗藏的所有
我都刚好，装得下。失心疯

抱石的溺水者，杀人犯的寡母……
我比人群，永远多余一具身体

4

鼻息在冷风中开阖，汲取到什么
都随缘。牡丹的气息，在旷古的空气中
长存。牡丹烂去的气息，也长存着

5

早已默认了这样的生活
心跳，不过是为了脸红
珍惜吧！这尚能脸红的又一天
——看见僧人沽酒，请记得
他念经的声音，多悦耳
——看见乞丐存钱，请记得
他哆嗦的双手，多乌黑

6

是滴着松油的火把，挥舞着
黑暗中的我们
是沾满鲜血的兵器，挥舞着
愤怒中的我们

是我们自己降下的罪，惩罚着
尘世上喊冤的我们
——那老人在街头咒骂着，是他自己的儿子
昨夜挥舞着拳头，把他攥出家门

7

空旧的粮站里，仍回荡着发霉的
气息。阳光像胆大的贼一样
从狭小的窗户透进来，照着
遍地干硬的鼠粪。我走过的时候
发出吱吱的声音，仿佛踩踏过
一只只，毛色黯淡的老鼠
我无法让自己的脚步，更轻了
哪怕我像猫一样，小心翼翼
它们也总会，吱吱地叫出来

8

这个旧粮仓，多年前曾住过
一个疯子。他曾往冻裂的嘴里
一把把，塞着那些干瘪的发霉的谷壳
然后，吐出一个个病句
他唱，皇宫和狗窝呀一个样
他唱，饿死和撑死呀一个样

9

我们都是怀揣秘密的人
但，密码丢了
——谁能打开你？谁配得上那个秘密？

10

有人盖新庙，有人修老坟
——供谁啊，埋谁啊，真是两难
金屋藏小娇，袖里藏大刀
——欢愉很短，仇恨太长
随他们去吧
我独乐，独忧，独自抚养着一个草木皆兵的乱世

11

白纸胜雪。黑字忐忑
如远行者迟疑的脚印
每一行都是一个方向
每一行都走丢一个人
此生，读书如寻隐者
此生，写作是归去来

清　明

1

天虽放晴。但昨日的雨水
已濡湿了春天的新土
我来此祭拜，一路脚印历历
仿佛我有多重，多沉，走了多少路
仿佛，我是独自背负着
诸多先人的棺椁，彳亍过无数时光
才来到这一片旷野中，这也是
我未来的归葬之地。但我现在
要把，一代代亲人
先放下，依次掩埋

2

往母亲的坟上，拍了
几锹土。像为一个沉睡的人
盖被子。我再怎么小心
也做不到，像母亲拍我那样
不轻，也不重

3

天地间，那么多陵、寝、冢、穴、坟
我都想祭拜一遍。我要把
历朝历代的亡人，都哭个透彻
像臣子，哭驾崩的皇帝
像书生，哭伏法的狐仙
像慈母，哭早夭的儿女
等哭完，我就可以没心没肺
去笑了。仿佛自己，再也不会
死去一样。仿佛天下，每一抔的黄土之下
都早已埋好了，形形色色的替死鬼

4

坟地也是绝地。青草如反击的号角
死去的人，会在甲虫们
惺忪的复眼里，披挂上露水
再次诞生。所以，清明宜有
蒙蒙细雨，宜万物影影绰绰
提篮祭拜的人，需要田埂上
分辨走远的影子，是布谷，还是亡人
所以，带着手绢去上坟的人
路上看见一只鸟，就哭了

5

青草尚浅，蝴蝶的翅膀上
沾有昨夜的寒意。万顷山
千里水，仍有数不尽的归来者
跪在春风浩荡的大地上
他们一举手，一投足，一席话
仍有淳朴家风，与厚道的古训

6

村边，新添了
一座坟，埋着一个善良的
乡村医生。我记得，这个
慷慨又温和的鳏夫。清明了
有几个乡亲，来这里祭拜
仿佛这些活下来的病人，已经
成了他的后人。他们带着
祭品，仿佛带着病一样，又一次
来看看这个，已经安息的医生

7

哑巴的喉咙——深渊

盲人的眼眶——秘境
有一道裂缝，在今天的心底
慢慢绽开了——回忆
那些唇语，先人能听见
那些倒流的泪水，春风吹又生

8

风两袖，雨几滴。有人
一路踏青而去。像蝴蝶扑向
花。他扑在爱人的碑前
他一边讲，一边笑。她生前
一定是个爱听笑话的人
你看，她坟前的青草
有的前仰，有的后合

9

这是灰烬本身
不是火的遗体
这是石头本身
没有人的体温
这些疯长的青草
覆盖着尘土
这些星辰的泪滴

簇拥着青草

这是清明，这是日子本身

一些人来看另一些人

而另一些人却不在现场

他们为尘土，为青草

为露水，为星辰

这是他们的真身

不是死亡的悬疑

惊 蛰

1

缝隙、洞穴、茧蛹……在这些
人类无法抵达的地方，它们醒过来了
仿佛新生。假寐，大梦，屏住呼吸
与心跳。这些动物们的招数，也有人
尝试过。偷偷进入冬眠的人，等待着
在澄黄的阳光里，再次出生
可是，讣告冰冷，挽联雪白
六亲不认的亲人们，用
一声声腊月的尖嗓子
啄空了，那颗蛰伏的心

2

天暖了。最早出来的蚂蚁
又黑，又瘦。它背着什么
在路上走。比那个，大年初二
就出门，打工的孩子
走得还慢。它背着什么，走在路上

比那个孤身，来到车站的孩子
后背上的行李，还大，还沉重

3

天暖了。种子知道，田野知道
拖拉机手的妻子，也知道。天暖了
拖拉机知道，拖拉机手
却再也不会知道了。拖拉机愤怒的摇把
甩在了，他的脑袋上。天暖了
那个种了一辈子庄稼的人
变成一株，不知道天暖了的植物

4

倒悬的古钟里，有几只倒悬的蝙蝠
第一夜的春雨，滴在钟上的时候
它们从各自的大梦中
惊醒。像一群饱经丧乱的人
不知该作鸟散，还是兽奔

5

冬眠时，每一只小甲虫，都用脊背上
艳丽的色彩，装修着荒凉的地下室

今日惊蛰，一只甲虫缓缓爬进了
我的视线，装修着我荒凉的眼眶

6

蚯蚓，如面壁的僧侣
在暗室里，忍住了耸动
而惊蛰之后，它将幡然
它将在一支最锋利的犁铧下
舒展开自己的身体，一分为二
借一具自己，安慰另一具自己
借一具自己，训诫另一具自己

7

田鼠们不擅长黑市交易，也不喜欢被施舍
除了粮仓，别无长物。除了粮仓，别无用心
像吝啬的地主一样，它们节衣缩食，挨过寒冬
——它们比我更加理解粮食，更像大地上的长工

8

惊蛰之后，每一滴水
都闪烁着母性的光芒
每一条河流，都是子母河

惊蛰之后，枝头、草丛、垃圾堆，甚至
一块头盖骨，都是谁安放在大地上的子宫

新春书

1

去年已如画轴般，轻轻卷起
眼睁睁，看着那工笔般度过的每一天
终归，又成了写意的一年
你看，总是被一挥而就的我，却
总也找不到，一气呵成的感觉

2

立春了。人间是一座无垠的回音壁
到处回荡着，"过年好，过年好"
而空中，鸟鸣孤耸。每一只鸟的喉咙
都那么幽深。比瘫痪者阴骛的眼神，更莫测

3

初一上头香的那个人
和昨夜古刹里，借宿的那个人
也曾在童年的桃园里

义结金兰

4

"过年好，过年好"
逢人，我也这么说着
我仍然需要，这个老少咸宜的词
来靠近，来疏远。来有趣，来无聊
来一声声，覆盖自己。像初一，覆盖除夕
像宁静的天空，覆盖着一阵阵的鞭炮声

5

一个人的肩膀上，挂着灯笼
一个人的额头上，贴着福字和春联
一个人的喉咙里，响彻着鞭炮，和欢声笑语
一个人老了，也瞎了。仿佛，整个世界只剩下
他独自过年，荫翳的眼眸里
纷飞着一生撕过的日历

6

过年了，每个穷孩子，也应该
有一件新衣服。如果没有，那就在
旧衣服的破洞上，补一块崭新的补丁

我见过最好看的补丁，是红色的
剪成了鱼儿的样子
补在蓝色的裤子上，仿佛游在大海里
我见过那个穷孩子，也见过他的母亲
她心疼地，摸着他的后脑勺
他三十多岁了，只会憨憨地笑

7

火车仍在今夜的群山中，笔直地奔跑
每个车厢里，都有几张
不断闪烁的屏幕。每张手机屏幕上
都会反复出现几个字：回来……
火车路过的每个小站，都有几个
站在冷风中的人。他们把手机的铃声
调得那么高，都在等着一声
"回来了……"

谈谈钟表

1

假如时间，如一只
不死的蜈蚣，它用头颅引领着
漫长的身体，一直前进
那么，钟表无休止地原地旋转
有何意义

2

我也曾一、二、三、四
这样一秒秒，数过
我一直以为，每一秒
都是鸡毛蒜皮的小事
直到母亲撒手之际
我才觉得
每一秒钟，都弥漫着
遮天蔽日的灰烬

3

那些不懈旋转的钟表
都有异乎寻常的热情
我曾一次次，谛听过
又一次次被裹挟在
这震耳欲聋的流逝中
钟表的中心，一定暗含着
巨大的漩涡
而我们的肉身，轻飘飘
如一粒粒蒙尘的舍利

4

三枚指针，三个方向
三枚指针，三条心
三枚指针，一个比一个
缓慢、笨拙、隐忍
那个最慢的
像个最阴险的老皇帝

5

不要把耳朵，附在钟表上

不要紧盯着，一座钟表
它们，既有钻心术
也有摄魂法。你看
那个不停抖动的秒针
像不像，一把刀子
在你的骨头上
噌、噌、噌
无休止地刮

6

大隐于市，隐于斗室，隐于
一座钟表的滴答声中
我见过一个老钟表匠
他昏暗的屋里
悬挂着不计其数的时间
以至于，他只能
一次次，撩开肮脏的窗帘
从窗外，影影绰绰的阳光里
获得一种让人揪心的安慰
仿佛，只有来自高处的时光
才是真实和永恒的
仿佛只有太阳
不需要校正，也不需要修理

7

钟表的旋转，面对一块琥珀里
怒睁圆目的昆虫，有何用
钟表的旋转，面对朝生暮死的蜉蝣
有何用⋯⋯
在钟表的旋转中，我们昆虫般
永不瞑目的恐慌，有何用
我们蜉蝣般短暂的欢愉，有何用

失 明

1

我们能见之物，终归有限
所以一个盲人，绝不会开口
向你我询问，看见什么了
所以，又有一万个六神无主的人
站在了春风寡淡的街头，诚惶诚恐
向一个个盲者，交代着生辰，询问着生命

2

也许，盲人就是上帝
投放在人间的黑洞。上帝也需要
一些容器，化身为人
来溶解，那些有名无实的炮弹和玫瑰
——这鲜艳绽放的炮弹，这炸开自身的玫瑰

3

蓝天不可见，大地不可见

一个盲人，坐上了飞机
就是全世界的盲人
都同时在，白云悠悠般飞翔

4

当万物都以想象而存在。一个盲人
就是一个策略，一种意图，一间实验室
一个盲人，借用无穷的想象
对手无寸铁的我们，进行着
一次次践踏，一次次篡改，一次次流放

5

需要一个目盲的人
终生都隐居在万物的喉咙深处
他的耳朵，是这世界绝对的中央
他用谛听，处决和拯救
他的左耳里，群山中石头喧嚣
他的右耳中，诸神今夜借宿

6

再次重申：
无须辩驳

失明者随意操起一把二胡，就能让
十根细瘦的指头
在暗无天日中，大放光明

7

声音和声音——咔和嚓
毒药和解药——呜呜和哈哈
一个盲人说，每一具身体，都只有一张嘴巴
他想了想，又反驳自己：
哪怕一个最细微的声音，都会
吃掉，一点点身体。直到……

8

不！没有斑斓，没有追杀，没有血盆大口
只有咆哮，只有哀嚎
没日，没夜……
只有一个突然失明的人
在深渊般的斗室中
撕咬着那个无法逃生的自己

哈巴河杂记

1

先铺满巨石、山林，再铺满
落叶、星光，以及久远的
神话，绵长的河流……西部之美
终于得以完成。在哈巴河
我早已忘记了，琐碎的日子
却足以洞晓，岁月广袤，毡房亘古
你看，那个晚归的牧人
正把一群洁白的羊群，赶往祖先们
扎就的篱笆中，像是
把今天的暮色，赶进了无尽的黑洞

2

我来之前，一匹野马已经奔跑了
很久，气喘吁吁。它在我面前
停下的时候，秋风又呼哧呼哧
号令着野马身后的万千荒草
继续奔跑，不知疲倦

此刻，马鬃瑟瑟，被
脱缰的秋风，践踏着
——在这无垠的西部，一场场风
摆弄着万物的动静，与生死

3

乱石在天地间横陈了多久
无人说清。何况我
阅历如此浅，尚不如
哈巴河畔的那一株株
虬曲的古树。它们眺望着
远方的雪山，俯视着脚下激流
俯仰之间，绿了又黄的枝干
搬运了多少来往的春秋。而乱石
岿然，一副铭记或无所谓的样子

4

我来之前，西部只是一个巨大
而空阔的符号，无声无色
尚未成形。是我，以一己的伫立
构成了西部的强悍，与苍茫
是蓬头垢面的我，形容枯槁的我
是我经年的软弱、狭隘，是我此刻

看见雪山时的卑怯，面对戈壁时的恐惧
促成了，这样一个恢宏壮阔的
西部，完美的西部

5

我用手机，拍下了
哈巴河水中，倒映的天空
——天空就坦然，铺在
河床的卵石之上，
我低垂双手，掬起一捧
凛冽的雪山之水
——我的掌心，就沁入了高处的圣洁
我痴痴望着这流水汤汤
不小心，把一滴热泪
注入了西去的哈巴河水中
——我的一滴泪，将归于北冰洋
被凝固在冰山之间，千年万载，悼念我

6

多尕特，多尕特，多尕特……
着了魔般，一遍遍念叨着
这神奇的三个字，仿佛真能
让自己，以旧换新。在玉什阿夏村

一万年太短了。而万年之前的岩画

那么清晰而新鲜，那么栩栩如生

仿佛是某一个孩子，涂抹而成

刚刚离开……这是西部，一切

神奇的事情，皆有可能

我注视着岩画中的牛、马、狼

它们也盯着我，在旷野中，在一万年之前

而那涂抹下它们的孩子

早已走远。去往更荒芜的时空里

狩猎，放牧，征战四方

也许，那孩子的子子孙孙

也已经创世般，发明了

弓箭、文字、马鞍……

建立了夏、商、周……

7

离岩画不远，一个哈萨克族兄弟

喝空了无数酒瓶，还在喝

不要劝阻他。在举目无人的西北

酒醉，才是一个牧民的理想与现实

何况，他的周遭，遍布着祖先留下的

无数岩画与牛羊。足够他

借一场场大醉，神游与抵达，膜拜与热爱

何况，他还用那么多

空空的酒瓶，为自己搭建了
一座熠熠发光的宫阙。在那里
无论端坐，或者醉卧
他都是整个世界，无可挑剔的中心

绵山记

1

山有霭，心无垢
群山高耸，钟声荡涤着云彩
我披着一身草木的清香
从这人间的大美之处，经过
每一滴露珠，都是我流落在世上的亲人

极目之处，千山如梦
介子推先生，你隐居在
哪一座，炊烟袅袅的房舍里
等着我，提着一篮寒食
上门，与你滴血认亲

2

这儿所有的山峰，都如此坚定
好像无数壮士，站成了拔剑出鞘
背水一战的样子。山崖边
那些庙宇，也都是一副

义无反顾，纵身一跃的样子

一座山，身在山西
总是与别处的山，不太一样
而我在绵山中，俯仰之间
也与那个红尘中的自己，判若两人

3

有诵经的声音，翻山越岭
而来，丝丝缕缕直抵我
我听，我闻，我觉得
这是一群好心人，在不可知的
暗处，为我指路

4

多年之前，这里曾有一场大火
大火中的介子推，留下一首遗诗
事实上，只有我保存着原稿
事实上，这首遗诗
并非如你所知。介子写就的血字
早已被世人，一次次演绎与篡改
你若附耳过来，我才肯
以绵山之名，一字一顿

用古老的嗓音，说出

这首失传之诗的真相

三　月

1

石头沉在河底。草梗浮于水上
三月，赤足过河的人
都是穷苦人。三月
一个人，从河的对岸
背来了重重的什么
什么就是沉沉的生活

2

无路可走的泥土之下
也有蚯蚓在漆黑中
蠕动着赶路。这是三月
一个盲人，不小心打翻了自己的早餐
那是一碗怎样的粥啊
值得，他为之啜泣

3

三月应该下雨。应该有女子
踩着松软的泥土，回到娘家
可是回来了，怎么能哭哭啼啼呢
那就在院里，再种上
做姑娘时候，种过的花吧
就当未嫁。就当第一次种花

4

要命的路，不要命的颠簸
一个拖拉机，上山拉石头去了
那是谁埋的兽夹，扔在空空的车厢里，回来了……
拖拉机手，踩着血淋淋的油门，回来了……

5

三月，光棍死了。寂寞身后事啊
几个本家抬着薄皮的杨木棺材
向杨树林里，走去
有人说起了荤段子，抬棺的人们笑着
那棺材，颤颤悠悠
也像是笑了。难道它听懂了

难道是说给它听的

6

三月，谁颤抖着，把手伸向一头死驴的腹中
这是残忍的。三月，一个人背着
一头杀净的驴，走向了集市
这是残忍的……
另一个小一点儿的人
抱着一头小驴
放入沸水中……这是残忍的

7

三月，无常。屋子着火了
一个火海里逃生的人
抱着一个路过的人，哭。黑乎乎的
傻子说，像一只黑蚂蚁，抱着一只白蚂蚁
傻子说，像黑无常，抱着白无常

春 寒

——兼致树模、孟德二兄

1

那一年的大雾，仍在翻越

今晨的房顶。童年时丢失的沙包

一片瓦，依旧替我们掖着。像从前一样

一个人在屋檐下，呆坐到黄昏

像从前一样，我看着月亮从村庄的中央

升起。而亲人们，还没有从田野中回来

——也许他们中的一些人，变大了

仿佛另一场，柔若无骨的大雾，

——也许他们中的一些人，变小了

如一个沙包，被某一块瓦紧紧压住

2

远山疮痍。峰峦，如一枚枚

史前的兽牙，撕咬着灰茫茫的天空

我们的故乡，盛产新鲜的矿难与钢铁

我们的亲人，在群山中盗掘什么，也埋葬什么

3

在群山中，摆放好宴席
在风雪中，缝制成嫁衣
在废宅中，奏响了法器
…………
世上所有荒唐的事
在我们的故乡，我都一遍遍做过了
我现在，是无数个
围炉夜谈的影子，在黎明前
互相推搡着，
一次次，往通红的炉火里，跳

4

汩汩的滹沱河，如一把
淌不完的老泪。流过我们村庄的时候
我们曾经嬉戏过它，饮下过它
现在，我们已不再年轻
现在，我们仍没有资格，用这颠沛的躯体
匹配，那一条老泪纵横的河

5

在一个不认识的孩子额头上，我给他
画了一个大大的王字。我把我们的童年
寄存在他的身上了。他将替代我们
在这个村庄，生活很久
他将摔倒在，我们摔倒过的泥泞中
他将盯着我们盯过的黑板，继续发呆
有一天，他会擦净自己的鼻涕
像我们一样，走失在那条乡村公路上
有一天，那个大大的王字
必将凝成，一道道更深的皱纹

6

田野上，漫游的牛
没有一只，认识我。它们太年轻了
我无法，和它们谈论田园、粮仓、犁铧了
它们的一生，只是用来长出皮毛和肉
就像，我们无法和先人们讨论
祖屋、宗亲、乡音，一样
我们太年轻了
我们的一生，只是用来练习道别

黄昏记

1

黄昏的天空，流光溢彩。如
墓室初开，惊现的壁画
远处，人影绰绰
我看不见他们的脸
就像他们，也看不清我的
——看不清也好
就能隔着一个世界
把对方，想象成陶俑，石人，殉者
——黑夜将来临，壁画将零落
漫入夜色的人，将如初生般
出现在另一个地方

2

一个老妪，把花白的头，深深地埋进
垃圾箱。从后面望去，犹如湖畔
一只饮水的仙鹤。警车又呼啸而过
杀鱼的人说，一个无足轻重的人

昨天，被判了重刑……
如果我不去描述这些，这些人将永不会
出现在另一首诗里。我想
诗歌，是不该有洁癖的
我也需要从这陈旧的生活中
汲取一些新鲜的情节。譬如：
一个年轻的母亲推着婴儿车，悄然走过
我想，孩子，是应该有洁癖的
你看，他蒙着厚厚的毯子
如一件，路过人间的圣物

3

秋风瑟瑟，落叶毫无阵形
霓虹初起，灯火犬牙交错
汽车喇叭，不堪入耳，互相辱骂着
我就生活在这样的小城，用一个
四通八达的身体，呵护着
那颗日渐闭塞的心。我每天
在黄昏的街头，走一下
每个黄昏，我都在人群中完成
一次短暂的晚年

4

黄昏漫长，往事更容易被忆起
给自己讲故事的老人，眼眶里的水
盈满又流干。他一次次说
"二三十岁的时候……"仿佛只有
那样的年纪，才有更多的惊雷
与闪电。而现在，只有暮色
无声笼罩。只有一颗越摇越白的头
否认着自己，"老了，老了"
而旧钟表，滴答，滴答，滴答……
在他的话音之间，在
"二三十岁"和"老了"之间
滴答着……

5

唯一的，最后的，孤儿般的
太阳，落下了
不接受道歉、祝福、诅咒的
太阳，落下了
我们分享过他
我们是被他大宴过后的宾客
我们啊我们

杯盘狼藉的我们，心满意足的我们
假如，我如疯子一样，向太阳致敬
这座小城，谁又愿意跟我一起
嘶喊出，谢谢你，太阳！

6

远处，一片光秃秃的杨树林
枝丫上，零星挂着
几只四处漏风的鹊巢
再也没有比那更清贫的家了
——假如我是一只倦鸟
我也会告诉你，那里并不需要一丁点儿灯火
——假如我是那只喜鹊
我也会在傍晚，唱着一支旧曲回来

7

也曾有人摹写过这样的黄昏，可能
用到了，另一种我所未闻的技法
他的笔，可能与墨，与纸，结下某种世仇
所以，他远离现世欢喜的人群，充满敌意
他一遍遍，在余晖中
不可自已地写着，执拗地写着
每一句都是绝笔，每一句都没有来处

每一句，都如旧拓片般，带着刀斧的
恨意，带着不可辨认，也不可否认的杀气

雁门诗行

1

那些戍边的后裔们
赶着多少头老牛，拉着
多少把犁铧，一步一步
如巡城般，走啊走。一面坡
要耗尽多少人的一生，翻耕过多少个来回
才能让曾经鲜血淋漓的
战场，重新恢复
大地的油绿，和金黄

2

雁门关上，宜酒
不宜茶。宜仰天嘶吼
不宜轻吟。宜坐一坐
　　——攥紧一把土，闻一闻
闻到什么，都值得
闻到死亡的味道，也值

3

夕阳滚下群山
关城黑了，瓮城黑了，围城黑了……
它们都是一点点变黑的
等城墙下，那棵野枸杞变黑的时候
就该起风了。风是从垛口刮过来的
长矛般，直抵着一个人的胸口
——疼

4

等天下大黑的时辰，楼檐上的风铃
就会铮铮作响。风大，它们的响声也大
风停了，还在响……不知道为什么
世上，总有些说不清的事
要发生。等人们想清了
已经成为另一件了。就仿佛
这里发生过的战争，一样
一场的鼓角还未止息，另一场的烽烟
就莫名其妙，燃起来了

5

这里，也有年久的祠堂
也有无声的祭奠
被供奉在这里的人，特别
能吃苦，特别能战斗
他们就算死，也不会丢盔、弃甲
——没办法，我成不了这样的人
我总是为了活下去，一样、一样地丢弃着
这祠堂，我就不进了，免得
自己难堪

6

"一夫当关，万夫莫开"
有时候，我是"一"
——却连自己都抵挡不住
有时候，我是"万"
——却连自己都战胜不了
你若来了，也不过如此

7

几千年来，肆虐的烽火

把群山，烧得如此荒凉
偶尔有几朵，瘦弱的山花
火焰般，红彤彤摇曳着
昭君出塞的时候，它们这样摇着
我奶奶逃荒的时候，它们也是这样摇着
仿佛一朵花，不摇，就没魂了
——你看，它们把自己都摇碎了

8

雁门关下的墓群
布满了伤口般的盗洞
无数次的挖掘，让本就残缺的尸骨
更加凌乱。多年以前，曾有一个人
混在盗墓贼的队伍里，却两手空空地离开
他后来疯了，逢人就说：
我杨六郎又失败了
我没能取回李牧的铠甲，也没能
骑回我的战马

9

旧墟中的青铜，甲骨上的卜辞
陶器里的时光。谁从泥土中，扶起来
一架骨骼，就必须给他

重新披挂上，自己的肉身

在我们的废墟上，仅仅一个考古学家

是远远不够的，是孤单的，是迷案重重的……

在我们这里，每诞生一个婴儿，都是

诞生一个先人，诞生一个朝代，诞生一个

翻新的遗址。他将在子孙们的哭声中

和祖父一起长大，他将如荒冢中的枯骨般

毕生，披挂着铁衣。在星夜，他

挑灯，看剑，点兵

他将追杀无数溃退的兵卒，占领

这一座几千年，生生不息的城池

并奴役，那一代代不断轮回的自我

孤村野史

1

一天了，那个盲人，还在用不知疲倦的歌声
安慰他，垂死的母亲。一天了，那歌声
依旧那么粗犷、嘹亮、深情
像一个见过世面的人，刚刚从远方返家，探亲

2

一天了。她滴水未进，大睁着眼睛
她没有别的话可以再说了
也没有什么可以留下的
连这么一双浑浊的眼睛，她都没办法留给他

3

现在是黄昏，他抱着他的母亲。像
一堆破棉絮，包裹着另一堆破棉絮
灰茫茫的人间就要一片漆黑了，可他不知道
那堆破棉絮就要冰凉了，可他不甘心

4

他摸到两颗鸡蛋，他摸到锅，摸到水，摸到火
他摸到母亲微微开阖的嘴唇
他吹了吹那个碗边，陈旧的豁口
像人世间最微小的风，吹响人世间最粗陋的乐器

5

这是傍晚，这是一座仅剩两个人的山村
这是孤儿与寡母，像两块褪色的补丁。这是一个
盲人颤抖着，抱着一个颤抖的病人。窗外的山风
像一个赶路的医生，慌张地推开了他们的木门

6

相依为命就是这样的。相依就是为了命
两颗头颅紧紧依靠着。靠得那么近
却相互看不见了。一双从未变化的瞳孔
永远看不到，另一双正在变化的瞳孔

7

他还在一口，一口，喂着，可她已经不吃了

她把那些喂进去的，又吐出来

他还在一声，一声，唱着，可她已经不听了

她闭上了她的眼睛，他们的眼睛，整个山村的眼睛

山野行

1

俯视着一泓秋水，渐渐地
你也将变得，清澈
在水中，万物都有一副
足够平静的容颜

2

一只只山雀，在松林中
排兵列阵。这阵法，与昨天不同
与去年也不同。迥异于人间
所有的阵法

3

云在浮沉，与山齐平
给自己一段徜徉其间的时光
与那些野花一起招摇吧
把自己身体里的野性，一点点晃出来

4

暮光为青草一层层镀金、加冕
此时，谁站在这落日下
谁就是被落日洗礼的人。也是在幸福中
等待更大的幸福，降临的人

5

他们诵经很多年
所以，庙宇才有了大宁静
鸟鸣了很多年
所以，山林才有了大寂静

6

山路，把山路领往孤绝之地
山路，让山路成为一个曲折的谜语
路，在路的前面
款款而行

7

露水，凝结在人迹罕见的地方

还是一粒粒晶莹如玉
风，刮在你饱经风霜的脸上
依然那样彻骨似刀

8

人迹罕至之地，草木如故
无问春夏。无论再有多少年
一根劲草、一片绿叶、一只白蝴蝶
都不会更改，各自的模样

9

花和草，那么亲密相处
像与世无争的高人
它们从来不会向这个世界
讨要什么。只是不停点头赞美

10

岩缝中，一朵黄花，兀自开放
如此端庄而盛大。开过了
世界就会变成另一番景象
——它开着，沉迷在自己骨头深处的香气中

11

云幕低垂四野，老树有一种
让人安详的引力。当你徜徉过这里
你也会在一滴露水中，看见
自己，从容的样子

12

山寺里有晨钟暮鼓，有一个
为人间祈祷的老僧。山寺里有一个
沙弥，默默诵经
连整座山中的草木，都在与他们唱和

13

树木葱茏，烟霭袅袅
花草们低眉善目
——人间多完美啊
值得你我，每一秒细细端详

14

草，是草的母亲

牛，是牛的孩子

牧羊人，是采药人的朋友

天地之间，你是我的亲人

15

一群拖儿带女的牛

缓缓前行的身影

像一群朝圣者，低着头

向另一块水草丰美的圣地，迁徙

16

他日晴好，应携三五好友

伴一缕微风，在这看不够的旷野中

走走，停停。让每一棵柔嫩的小草

都倾听，你为它们永不止息的心跳

17

牛的眸子里，总有一种

善意，让我们记忆犹新

它仿佛一个孤独的人

望着你，渴望你，走向你

18

普天之下，莫非草地
草，率领着大地
奔往天涯。草
才是旷野上的无冕之王

19

谁把这么多山石堆放在此？
谁给予它们经受风雪，而岿然的力量
谁在空无一人处，迎着寒风
却热泪盈眶？造物主啊，你从未离开我们

20

又是一个让人不舍的黄昏
斜阳眷恋这山河之美
迟迟不肯落下。你也迟迟
不肯踏上，那条下山的小径

十二个梦

第 1 梦

大病未愈的月轮，是夜空唯一的窗口
想从那里逃生的人，又被抓回来。每一缕月光下
都有一个被吊在秋风里毒打的人，默默不语
我混进蟋蟀的队伍，负责为他们，一声声喊疼

第 2 梦

谁又把接力棒，放在我的手里，让我跑
又将度过一段大汗淋漓的岁月。又将眼睁睁
看着手心的木棒渐渐腐朽，在风中
独自长出狰狞的木耳。却找不到一个替代的人

第 3 梦

葬礼结束了。那个哭丧的人还在低低哭着
总有一个孝子，会不耐烦，会撵他走
他哭哭啼啼走在乡路上，告诉我
他早已无家可归，哭声才是他的家园

第 4 梦

天空中，有人售卖一帧帧白云、乌云
七彩祥云。我不知道该买哪一朵
也不知道该怎么付款。他哭着，跟我说
你扫一扫，人世间的那些遗像吧

第 5 梦

我要到河的对岸去，领回那只小绵羊
我抓着一把青草，在没过脚踝的冷水中蹚着
我望着它在咩咩长大，我望着它，把自己
吊起来，剥着自己的皮。我还在冷水中，蹚着

第 6 梦

天黑了。云也黑了
街头的两个老人，互相说了一声
回家吧，就起身消失了
他们那么老了，有凭空消失的权利

第 7 梦

又奔向无人处，在天地间胡乱地磕头

我一定还有无法赎清的罪
又奔向无人处，在草木中疯狂地哭泣
我一定还有无法偿还的恩

第 8 梦

这是我从未见过的一朵花
它为我开放的过程，如此恢宏，壮阔
世俗中不会有这样的花
看花的我，整夜都没有说过一句脏话

第 9 梦

又踩着水面，孤身前往那个小岛
在氤氲的大雾中，我看见自己
结庐，炼丹，养字为患。像个未曾
饱经离乱的书生一样

第 10 梦

一个老人，向我打听一个年轻人的下落
我指了一个方向，他就走了
望着他佝偻的背影，苍白的头颅。醒来才想起
也曾有一个壮士，在前一个梦境里，打听过他

第 11 梦

背风的地方，有几个人在那里生火，窃窃私语
我仿佛认识，仿佛听见他们在笑着说什么
他们离开的时候，仿佛少了一个人。我
摸了摸那堆稻草的灰烬，仿佛摸到了一声救命

第 0 梦

两个人面对着面，太庄严了。如同
兵与卒。我从他们中间走过，我背着
一副巨大的棋盘。我要去远方赴一场生死之约
他俩拦下了我，要看看我的棋子……

漫游者耳语

1

神话般的光，童话般的荫翳
传说中，曾有人在此抄经、炼丹
飞升而去。你若来此
必然看见，漫山遍野都是神留下的踪迹

2

一万朵野花，就有一万种
摇曳的舞姿
一万朵白云，也有一万种
舒卷的方式

3

山路青了，山路黄了
一条路，在花草间
忘我地，走啊走
无忧无虑，走到了山顶上

4

苍穹之下，一片苍茫
极目之处，千山如梦
有缘人啊，你住在哪一座
炊烟袅袅的房舍里？

5

天下所有的村庄，都是这一座村庄
天下所有的亲人，都安居在这一间间小屋里
假如你是路过此地的旅人，你也会爱上这里……
并和你遇见的每一个人，滴血认亲

6

你看见云彩背后的松林了吗？
你是否看见，一只静静的母鹿
一边饮雪，一边呼唤着它身后的孩子
你是否知道它们的爱，不比人间少

7

夕阳如此轻柔，抚摸着每一个生灵的脊背

牛羊如此安静，埋首向大地谢恩
天空下，是一个万物平等的大地
大地上，一座万物都彼此厚爱的教堂

8

牛是老牛，树为老树
天是亘古蓝，草为万年绿
你若置身此间，你也会气定神闲
成为一个知足的人

9

这是黄昏，两棵古松
用彼此交织的阴影，诉说着什么
你如果置身其间
一定也能听懂，那种饱经风霜的情话

10

晚霞是盛放于天空上的野花
野花是摇曳在大地上的余霞
我是永不厌倦的游人
你若来了，就是这片山河间唯一的王

11

白云往远方，缓缓迁徙
花香从天边，疾疾袭来
轻轻打开鼻翼吧，朋友
你的身体里，也有无边的疆域，等待洗礼

12

一次次把眼前的美好，当作神迹
一次次，把造物主的恩赐揽入怀中
哪怕孤身，胸中也有十万匹野马
在此，奔腾不息

13

沟壑在此，等一场风吹绿
山坡在此，等一片草翻越
我在此，等一个人，用最轻的声音
呼唤我的小名

14

每一湾水，都盛放着一座

浩瀚的天空。每一个口渴的人
路过这里，都能够
从手心掬起的水里，看见无数星辰

15

白云变幻间，美景在此，等你一千年
人间寒暑中，花香执手，送你三万里
大地上，处处风光都留人
大地上，脉脉风雨皆好客

微词集

1

我有一身古汉人的味道，每一次酒后
行迹飘忽，如狂草。酣卧不动，似瑞兽

2

风，刮到肌肤为止
我这样一座地狱，连风也不愿进入

3

那把斧头闲置太久了。点点锈迹
皆梵文

4

再喊一声，借过，借过
耄耋众生呀，失聪的你们
挤满了人间——这条漆黑的甬道

5

浑噩时，我喊自己：白日梦，白日梦
清醒时，我答自己：夜游神，夜游神

6

邀请函：

有茶。有酒。有我，与你未曾谋面
若你不来，我就请明月再孤悬片刻

7

自我介绍：
少贫，家寒。在一件件
旧衣服中默默长大，成为
一块脱落在人间的补丁

8

我记得死别时，麋鹿望向麋鹿的眼睛
我记得生离时，我抚摸着你的脸庞
每一根手指，俄顷寸断。

9

不忍看放生池中的我，游来游去
不敢承认自己，竟那般喜悦

10

身是寸草不生的荒原，无遁处
心有遮天蔽日的古木，入云去

11

咫尺，如此激滟的两枚汉字
天涯，剜心刺目的一把利刃

12

下次上坟，一定要烧我的几件旧衣
亡母啊，我还是怕你闲不住

13

无所事事，不免与自己一辩，再辩
偶尔，也会与影子谈笑风生

——多难得的和解

14

酒入穷肠，焚琴煮鹤
——罢了，罢了，且与这满座俗人
交杯又换盏。抿一口烧酒，变一副嘴脸
讨一点儿，辣喉的明天

15

袖手过夜市，但见
霓虹闪烁，处处皆是泥牛入海
人头熙攘，个个都是风雪夜归

16

乌有
乌有
乌有
——我断喝三声，免得自己
在觥筹交错的幻境中，下落不明

17

对镜试袈裟，仿佛比昨天
又宽松了几分。纸上画寺庙
下笔后，又擦去几片砖瓦

18

高高白杨，长吁者，矮矮冬青
短叹也。我急匆匆，穿街
过巷，返回黑漆漆的出租屋里，像一个
被游街示众后的前朝老臣
终于，抱石而沉

19

假如你是我，也会在读罢
那首悲歌，忍此一痛
也会，纵身一跃，跳入
那个佚名诗人，生卒年不详的命里

20

你这形骨枯槁的匠人啊，老了老了

仍在用销魂的黄金，和白银
锻打，一尊尊清心寡欲的菩萨

21

在尘世间奔波，人人都不过是一艘
借箭的草船。早已累累伤痕
就差付之一炬

22

那厮为何在风中大放悲声
那厮为何在雨里涕泪横流
那厮，你为何能裹挟着天地
为自己的苦痛，加码……

23

星光惨白，映落河中，一派哀容
我醉酒归来，摇摇晃晃，如一具
从无数古诗中，拼凑出来的残躯

24

半醒着，活在这里提灯过河

半醉着，活在那里负石登山
我早已章法全无，半痴半醉半仙半鬼
在人间，我醉也不安，醒也不定

25

出生之时，就有人为我裁好了一身寿衣
将死之日，也无人替我看准某一片风水

26

吃饱了撑着，为自己刻一方闲章：
——饿念难消

后

记

一页页，翻开案头的笔记本，里面横陈着一大堆杂芜的句子，它们东倒西歪，没头没尾，莫名其妙，像被遗弃的孤儿，也像垂头丧气的残兵。我深知，一些句子，我已无力回天；而对另一些句子，我还心存幻想。原来，我们笔下的语言，也有着万千不同的命运。那么，一句句堆叠而成的诗，想来也有着各自的归宿。

总有一些诗，会被耻笑；总有更多的诗，会被遗忘。甚至有一天，自己都会嫌弃某些诗，也会把所有作品忘得一干二净。可为什么，我还总是怀着不为人知的期待，一字一句，战栗着，诚惶诚恐去追逐下一首被耻笑、被遗忘的诗？

因为：

不写，我不能从无明中，找见那个混沌的自己。

不写，我所有的意识都会在一次次的行走坐卧中，缓慢丢失和破碎。

不写，我不会在自己身上，摸索出古老的胎记，和新鲜的鞭痕。

不写，无人替我记载我单薄的肉身，以及更加单薄的思考。

呃，不写，那场大雪中的那人将永远消失，那个街头的酒鬼将一次次卧倒在车轮下。不写，我怕我这一辈子，像我土丘下的那些先人，名姓全无。

所以：

如你所知，我依然是那个屡败屡战的弱者。尽管我还是找不到修辞的法门，还是打不通语法的玄关，也依然悟不透诗歌的奥妙。

可我写着。我写得那么笨拙，那么粗陋、愚钝，写得大汗淋漓，风尘仆仆，像极了那个在荒野中，侍弄着铁器与石头的地质队员。

他叫张常春。在放下扳手、铁锤、管钳之后，他又改名换姓，挥舞着一枚枚铮铮作响的汉字，妄图借着"张二棍"这个缥缈的称谓，时而刀山火海，时而羽扇纶巾，时而撕心裂肺，时而含情脉脉……

正是身体和灵魂的不合拍，造就了诗。是一个滞后的我和一个想要超越的我，在无休止的争吵与和解中，一首诗缓缓露出它的真容。

多年前，曾写下一句话："我有一首新作，它还不能读，它还杂乱、荒芜……它还具有良好的品德。"这是我对自己的期待，我愿意一直等下去，等那首品德良好的诗，从我的胸口和心头，汨汨淌出。

这本诗集，是我且等且酝酿的副产品。有了这些作品，我会离那首梦境般的诗，更近一点吧。

张二棍

二〇二一年农历九月初十